GAL BARRADAS

PUBLICITÁRIA, EMPREENDEDORA E WOMAN TO WATCH BRAZIL

novas
QUESTÕES
respostas
DIFERENTES

Os desafios da comunicação
nesta nova era, diante da natureza
e da inteligência do consumidor

ALTA BOOKS
EDITORA
Rio de Janeiro, 2018

Novas Questões, Respostas Diferentes
Copyright © 2018 da Starlin Alta Editora e Consultoria Eireli. ISBN: 978-85-508-0336-4

Todos os direitos estão reservados e protegidos por Lei. Nenhuma parte deste livro, sem autorização prévia por escrito da editora, poderá ser reproduzida ou transmitida. A violação dos Direitos Autorais é crime estabelecido na Lei nº 9.610/98 e com punição de acordo com o artigo 184 do Código Penal.

A editora não se responsabiliza pelo conteúdo da obra, formulada exclusivamente pelo(s) autor(es).

Marcas Registradas: Todos os termos mencionados e reconhecidos como Marca Registrada e/ou Comercial são de responsabilidade de seus proprietários. A editora informa não estar associada a nenhum produto e/ou fornecedor apresentado no livro.

Impresso no Brasil — 1ª Edição, 2018 — Edição revisada conforme o Acordo Ortográfico da Língua Portuguesa de 2009.

Publique seu livro com a Alta Books. Para mais informações envie um e-mail para autoria@altabooks.com.br

Obra disponível para venda corporativa e/ou personalizada. Para mais informações, fale com projetos@altabooks.com.br

Produção Editorial Editora Alta Books	**Produtor Editorial** Thiê Alves	**Produtor Editorial (Design)** Aurélio Corrêa	**Gerência de Captação e Contratação de Obras** autoria@altabooks.com.br	**Vendas Atacado e Varejo** Daniele Fonseca Viviane Paiva comercial@altabooks.com.br
Gerência Editorial Anderson Vieira	**Assistente Editorial** Ian Verçosa	**Marketing Editorial** Silas Amaro marketing@altabooks.com.br	**Ouvidoria** ouvidoria@altabooks.com.br	
Equipe Editorial	Adriano Barros Aline Vieira Bianca Teodoro	Illysabelle Trajano Juliana de Oliveira Kelry Oliveira	Paulo Gomes Thales Silva Viviane Rodrigues	
Revisão Gramatical Rochelle Lassarot Gabriela Araújo	**Diagramação** Melanie Guerra	**Layout** Wallace Escobar	**Capa** Aurélio Corrêa	

Erratas e arquivos de apoio: No site da editora relatamos, com a devida correção, qualquer erro encontrado em nossos livros, bem como disponibilizamos arquivos de apoio se aplicáveis à obra em questão.

Acesse o site www.altabooks.com.br e procure pelo título do livro desejado para ter acesso às erratas, aos arquivos de apoio e/ou a outros conteúdos aplicáveis à obra.

Suporte Técnico: A obra é comercializada na forma em que está, sem direito a suporte técnico ou orientação pessoal/exclusiva ao leitor.

A editora não se responsabiliza pela manutenção, atualização e idioma dos sites referidos pelos autores nesta obra.

Dados Internacionais de Catalogação na Publicação (CIP) de acordo com ISBD

B268n   Barradas, Gal

        Novas questões, respostas diferentes: os desafios da comunicação nesta nova era, diante da natureza e da inteligência do consumidor / Gal Barradas. - Rio de Janeiro : Alta Books, 2018.
        288 p. : il. ; 17cm x 24cm.

        ISBN: 978-85-508-0336-4

        1. Comportamento do consumidor. 2. Comunicação. 3. Consumo. I. Título.

2018-1098   CDD 658.8342
                                                                     CDU 366.1

Elaborado por Odílio Hilario Moreira Junior - CRB-8/9949

ALTA BOOKS EDITORA
Rua Viúva Cláudio, 291 — Bairro Industrial do Jacaré
CEP: 20.970-031 — Rio de Janeiro (RJ)
Tels.: (21) 3278-8069 / 3278-8419
www.altabooks.com.br — altabooks@altabooks.com.br
www.facebook.com/altabooks — www.instagram.com/altabooks

**Dedicado aos
meninos dos meus olhos:**
meu marido André Torretta e
meus filhos Caio e Franco.

AGRADECIMENTOS

Aos meus pais, Yeda e João Durval, pela herança imaterial e inestimável da qual muito me orgulho.

Aos meus irmãos, cunhados e cunhadas (que são meus irmãos também), sobrinhos e sobrinhas pela constante torcida.

Às minhas tias Olívia, Myriam e Laura (*in memoriam*) pelo apoio desde sempre.

Aos amigos Silvio Genesini, Gustavo Nogueira, Marcelo Lacerda, Heber Sales, Chiara Martini, Carlinha Gagliardi, Paula Bellizia, Rachel Maia e Andrea Álvares que me brindaram com preciosas horas dos seus dias para ler e criticar esta obra antes da publicação.

SUMÁRIO

V   AGRADECIMENTOS

1   PREFÁCIO

5   INTRODUÇÃO

9   ABERTURA

15   CAPÍTULO 1 — COMUNICAÇÃO LÍQUIDA

23   CAPÍTULO 2 — MARCA: A IMPORTÂNCIA DE COMEÇAR PELO COMEÇO

59   CAPÍTULO 3 — VENDER É UMA COISA, TRANSACIONAR É OUTRA

65   CAPÍTULO 4 — PESSOAS: COMUNICADORAS EM TEMPO INTEGRAL

77   CAPÍTULO 5 — A NECESSÁRIA BUSCA PELA COMBINAÇÃO DE DISCIPLINAS E CANAIS

97   CAPÍTULO 6 — DADOS INCRÍVEIS RESULTAM DE EXPERIÊNCIAS INCRÍVEIS

105   CAPÍTULO 7 — NOVAS RESPOSTAS PARA NOVOS PROFISSIONAIS E EMPRESAS DE COMUNICAÇÃO

131   CONCLUSÃO

135   ADENDOS

145   SOBRE A AUTORA — A TECNOLOGIA EM MINHA VIDA

151   REFERÊNCIAS BIBLIOGRÁFICAS

PREFÁCIO

A indústria da publicidade sempre esteve em constante reinvenção. No entanto alguns dos meus princípios de direção permaneceram os mesmos desde meus primeiros dias trabalhando como criativo. Abraçar a modernidade significa ser fiel ao que você acredita ser fundamental, ao mesmo tempo em que está sempre se adaptando a um ambiente em constante mudança.

A regra de ouro que sempre conduziu meu trabalho é a alta estima e consideração que tenho pelos consumidores, vendo-os como pessoas, devendo respeito, inteligência, beleza na comunicação que criamos.

De todas as campanhas que criei, as mais queridas do meu coração foram aquelas orientadas por esse princípio orientador e me sinto feliz em dizer que valeu a pena, já que temos relacionamentos duradouros com marcas como Peugeot, Evian, Lacoste, Air France, Canal +.

O digital levou essa consideração pelas pessoas um passo adiante, apenas mudando nossa maneira de nos envolvermos com elas. De certa forma, marcas que inspiram as pessoas são mais digitais do que as marcas que parecem impor e ditar. As ideias inspiradoras por trás do nosso ofício devem ser ocupadas por pessoas e ganhar vida de novo e de novo em diferentes formas. Eu gosto dessa maneira de código aberto, um tipo de contato direto entre nós, o pessoal de comunicação e as pessoas para quem criamos.

Hoje, as marcas precisam considerar seus "consumidores" não apenas de maneira limitada, como um "alvo" com um poder de compra, mas como um recurso fundamental no cerne de seu modelo de negócios.

De fato, na era da mídia social em que vivemos, as pessoas se tornaram, ao mesmo tempo, influenciadores, produtores de conteúdo, mídia e fontes de informação.

Mais de 75% deles compartilham sua experiência on-line sobre um produto ou serviço.

Recentemente, mudamos o famoso logotipo de uma empresa de roupas de luxo para logotipos temporários que mostravam espécies de animais em extinção em sua famosa camisa polo para aumentar a conscientização, um exemplo perfeito de como as pessoas se tornaram disseminadoras de um conteúdo por uma marca.

Como mencionado anteriormente, acreditamos firmemente que saber o que faz as pessoas funcionarem é fundamental para criar as melhores ideias para alcançá-las: temos sido consistentes ao fazer regularmente nossos próprios relatórios de prosumers sobre diversos assuntos. Quem são essas pessoas e por que se concentrar nelas? Esses homens e mulheres proativos e informados são os principais influenciadores e impulsionadores de mercado da atualidade. Eles são importantes para nós porque, além de seu impacto econômico, influenciam as escolhas de marca e os comportamentos dos outros. Simplificando, o que os prosumers estão fazendo hoje os consumidores tradicionais provavelmente estarão fazendo de 6 a 18 meses a partir de agora.

De acordo com o último relatório *iLife*, que se concentra em explorar o nosso relacionamento atual com a tecnologia, mais de 60% das pessoas pensam que a mídia social deu às pessoas comuns uma capacidade extraordinária de influenciar os outros e criar mudanças.

Mas como esse novo paradigma afeta nosso setor?

Há uma necessidade urgente em nossa indústria de criar ideias inclusivas desde o início, uma necessidade de impulsionar as interações com as pessoas. Isso requer ir ainda mais longe na maneira como colaboramos com eles.

Precisamos combinar verticalidade e horizontalidade. A verticalidade significa ter um ponto de vista forte, uma ideia grande o suficiente para envolver as pessoas no nível mais profundo. Para aqueles que acreditam que a participação é o nome do jogo no nosso setor, tenho a dizer que não há grande participação sem uma grande visão por trás dela.

Mas a verticalidade tem de estar aberta à horizontalidade, convidando as pessoas a fazer uma contribuição. Mais de 88% das pessoas pesquisadas em nosso estudo do *iLife* acreditam que corporações e consumidores devem trabalhar juntos para tornar o mundo um lugar melhor. Precisamos considerar cada pessoa como um ator que ajudará a construir as marcas ao longo dos anos e que trabalhará de perto com as empresas para impulsionar a mudança.

Esse é um momento desafiador e estimulante para empurrar nossa indústria para a frente, quando a reinvenção significa empurrar nossos princípios fundadores um passo adiante. Lançamos um divertido projeto de arrecadação de fundos para a Unicef, através de uma rodada de criptomoedas a fim de ajudar crianças na Síria. Ele usa a capacidade da placa gráfica para criptografar, e o recurso vai direto para a conta da entidade. É claro que isso é apenas a ponta do iceberg; outras novidades em campanhas autenticamente criativas estão surgindo e é isso que torna o futuro tão interessante.

Eu tive o prazer de trabalhar ao lado de Gal por algum tempo e sei que compartilhamos as mesmas crenças fortes. Eu acredito que o livro de Gal é uma chance e uma oportunidade de compartilhar essa visão.

Rémi Babinet
Cofundador e Copresidente da BETC

INTRODUÇÃO

O título deste livro refere-se à era do consumidor. Para nós, publicitários, a palavra "consumidor" remete diretamente ao cliente do nosso cliente, normalmente aquele que consome bens e serviços inicialmente desenvolvidos para as massas. Entretanto o "consumidor" a que me refiro aqui tem um sentido muito mais amplo. É aquele que consome qualquer coisa: bens, produtos, serviços, entretenimento, informação, mídias, conhecimento. Portanto o termo não se refere apenas à condição de comprador de bens físicos ou serviços visíveis, mas abrange também bens intangíveis e invisíveis.

Esses consumidores são também cidadãos. Pessoas com um volume cada vez maior de informação e um ilimitado poder de reverberação. Formação e informação, aliás, sempre foram camadas distintas e devem caminhar lado a lado para que uma tire melhor proveito da outra. A formação constitui um saber, fundamentos, princípios. Esse cenário converge para o que deveria orientar todas as empresas que vendem bens de consumo e serviços: um único indivíduo hospeda diferentes personas, com interesses cada vez mais diversos e não só relacionados ao consumo. Na prática, significa dizer que há muito mais elementos influenciando a decisão de escolha e de compra de um bem, que passa por ética e valores.

Assim, é fundamental assumir o poder que consumidores e cidadãos têm para impactar os serviços, os produtos e a conduta de qualquer empresa, inclusive as do poder público.

Estando no mercado há bastante tempo e tendo vivido várias transformações, me senti motivada a escrever este livro por demanda de alguns públicos: estudantes e iniciantes na carreira, que precisam alinhar cada vez mais rapidamente a visão acadêmica ao mundo real, e também a empresários, dirigentes e investidores, potenciais clientes das competências de marketing e publicidade, que desejam entender como a comunicação pode se tornar um ativo estratégico para suas marcas e negócios.

Devemos pensar numa lógica, antes de mais nada. Nesta era, a "lógica digital" se apoia num tripé: interagir, segmentar e mensurar.

Quando falamos em lógica digital, não estamos tratando apenas de um conjunto de ferramentas (*toolset*), mas sim de uma mentalidade, um entendimento (*mindset*) novos, determinados pela maneira como os indivíduos — consumidores e cidadãos — vivem permanentemente em rede. Ao contrário do que pensam algumas marcas que ainda temem o ambiente interativo, a internet é um ambiente fértil para aquelas que desejam fortalecer ou já vêm fortalecendo há algum tempo a conexão com seus públicos por meio de um trabalho proativo e efetivo de *branding*.

Somos vendedores de assuntos.

Se a marca já vem fazendo um bom trabalho, haverá boas motivações para seus consumidores quererem interagir com ela. Precisamos, entretanto, sempre renovar as razões pelas quais a marca será assunto entre seus consumidores. Por isso cabe sempre nos perguntarmos: que motivos estamos dando para que falem sobre nós e levem nossa marca adiante nas suas conversações nos seus outros círculos de relacionamento? Que experiências estamos proporcionando de maneira a criar laços de fidelidade que posteriormente repercutirão em resultados?

Na comunicação, a interação digital alavanca a intenção das empresas que querem cultivar suas marcas por meio da reverberação cultural proporcionada pelo mundo em rede, ouvindo e se aprimorando quase em tempo real.
Para ter sucesso, é preciso interpretar a teia de significados na qual as pessoas se inserem, e estas, naturalmente, buscarão identificação nos discursos enunciados pelas marcas.

O movimento contínuo, chamado *always on*, é bastante rico para o aprendizado das marcas.

Sob a ótica das pessoas e das organizações, nada será como antes. O alto escalão das empresas deve propor aos seus gestores de "marketing" pensar também e sempre a marca, seu posicionamento, seu significado e suas ambições, e não simplesmente dar-lhes metas que requerem apenas a aplicação de técnicas clássicas de marketing.

Comunicação, serviço e produto — todas essas frentes — são *assets* que "comunicam" formando um dos pilares essenciais do *branding*, que é a percepção de marca.

A percepção de marca deve se equilibrar com outros dois pilares — a rentabilidade e o *market share* —, como relatarei em breve. Aí está a oportunidade de fazer com que todas as áreas da empresa pensem a marca com objetivos claros para a sustentabilidade do negócio, para o seu benefício e o de seus consumidores.

A ambição deste livro, portanto, é fornecer uma visão sobre a passagem de uma antiga para uma nova era da comunicação. Cada um dos capítulos deste livro é um gatilho para o aprofundamento de cada um desses temas, que são tão fundamentais para a comunicação que cada um deles poderia render um outro livro.

Vocês também poderão ver que a única coisa na qual se pode colocar um fim é a esta introdução, pois o trabalho de construção e gestão de marcas é interminável.

É como a vida, que segue sempre se transformando e renovando.

ABERTURA

Alguns anos atrás, ouvi um palestrante dizendo que o volume de informação havia se tornado tão grande que fazia com que uma ideia não valesse tanto; que o que valia mesmo era a execução da ideia.

Fiquei impactada e pensativa. Uma bela frase de efeito. Mas a minha cabeça insistia em contrariar aquela afirmação: "Do que adianta ter uma bela execução sem uma bela ideia?".

No livro *Alfabeto de uma sociedade desorientada*, Domenico de Masi diz que a criatividade não se identifica só com a imaginação; consiste numa síntese de imaginação e concretude. Diz que Michelangelo não é um gênio só porque conseguiu idealizar e desenhar a cúpula da Basílica de São Pedro, já com 70 anos de idade, mas porque conseguiu impor seu projeto à atenção do Papa, conseguiu que se aprovasse e se financiasse uma obra tão audaciosa, conseguiu dirigir uma massa de 800 funcionários e manter-se firme por 20 anos até o dia da sua morte.

Concordo, por isso um dos princípios que adotei para a minha vida é que "o poder de execução tem de ser tão bom quanto o poder da ideia". Mas a primeira precisa da segunda para existir. Enquanto não tivermos uma boa ideia, não teremos equipe nem orçamento.

Pense: como inventar um picolé, inventar a roda, criar a internet, uma propaganda, fazer um livro?

O que diria Steve Jobs, sempre tão consciencioso das suas patentes?

O que diria Santos Dumont?

O que diria toda a indústria da propaganda que vive única e exclusivamente de ideias? O resto é tecnologia (que surgiu com alguém tendo ideias).

Na política, uma ideia salva um país, uma guerra, uma revolução.

Livros com ideias imensamente poderosas moldam o pensamento de bilhões de pessoas, tais como a Bíblia e o Alcorão.

"Um homem pode morrer, nações podem crescer e cair, mas uma ideia resiste", dizia John F. Kennedy.

Uma ideia fez as plantações. Alguém teve a ideia de juntar várias casas e criar uma cidade, alguém, ou várias pessoas, inventou a roda em um processo evolutivo.

Eu acho fantástico entrar em uma reunião para ouvir os meus clientes e sair dela cheia de ideias, caminhos e olhares que poderão se transformar em uma estratégia de comunicação, em uma estratégia criativa, uma estratégia de negócios. Do nada ao tudo. Uma maravilha. Um *big bang*!

Tornou-se *cool* falar em inovação disruptiva, mas normalmente associamos essa palavra a celulares, softwares, tecnologia. O que é muito importante, porém, é que a fonte de inspiração normalmente passa pela arte.

Nada mais disruptivo do que a arte moderna, o cubismo, a arte contemporânea, o desconstrutivismo. Mudou a nossa forma de ver o mundo, nos abriu o olhar, a cabeça. E, preste atenção, a propaganda bebe dessa fonte, não bebe da fonte dos bytes. Os bytes, por sinal, beberam da fonte da biologia, como nos conta o autor Steven Johnson no livro *Emergência*. Quanta criatividade!

A tecnologia, em qualquer época da humanidade, é o condutor.

Não podemos dizer que o pincel é mais importante que o que é ilustrado no quadro. Temos de entender o poder de um e a utilidade do outro.

No livro *Filosofia da ciência*, o autor Rubem Alves diz que é comum quererem contrapor a ciência à criatividade, à imaginação. Mas para elaborar teses, o cientista precisa imaginar, criar.

Na universidade, aprendemos nas aulas de economia que a necessidade humana nunca será satisfeita. Novas necessidades estão sempre surgindo. Além disso, os seres humanos não olham o quanto conquistaram, mas o quanto ainda têm a conquistar. E assim ele imagina, cria e evolui movimentando o mundo.

O autor Yuval Noah Harari disserta sobre isso no seu livro *Sapiens*. Ele registra como os seres humanos, que eram seres insignificantes no planeta, acabaram por dominar animais, florestas, tecnologias pela capacidade de cooperar. E essa capacidade era resultado de uma característica única dos humanos: se unir cativados por boas histórias.

Em entrevista ao programa do Pedro Bial, na Rede Globo, em 21 de julho de 2017, Harari diz que "carregado de emoção, o ser humano é capaz de fazer grandes coisas, grandes revoluções. E a emoção depende de uma boa história. Quanto mais simples é a história, mais simples é cativar o outro. Uma história muito simples pode ter uma influência muito grande". E complementa: "A democracia é baseada no que sentimos, não no que pensamos. Não na racionalidade ou na lógica".

Por fim, ele aponta que "a maior autoridade da economia moderna é o desejo do cliente. Por isso crescimento econômico depende de criar desejo. Há espaço para a manipulação, mas, no fim da linha, quem decide o que é bom ou ruim é o consumidor".

Nesse contexto, o que dizer do nosso país? Para quem não sabe, o Brasil é o segundo maior país do mundo em consumo de música nacional. Isso ocorre porque produzimos uma música criativa e de qualidade. Estamos entre os cinco povos mais criativos da propaganda mundial. Somos os inventores da bossa nova, do samba, da felicidade e da alegria. Machado de Assis me orgulha. Minha língua, minha pátria.

Criatividade é algo tão poderoso que a nossa criatividade no futebol fez o mundo prestar atenção na gente na Copa de 58; fez Tom Jobim emplacar Garota de Ipanema como a música que ficou anos e anos em 2º lugar no ranking das mais tocadas no mundo.

Criatividade é algo tão poderoso que fez um jovem de São Paulo, sem acesso a grandes tecnologias de produção, ganhar o primeiro Leão de Ouro da propaganda brasileira no Festival de Cannes, com uma sequência de imagens, um texto poderoso e uma locução. O nome dele: Washington Olivetto. O mesmo que trouxe um Leão de Bronze para o Brasil quando criou seu primeiro roteiro numa agência, aos 20 anos de idade.

A criatividade brasileira no ano de 1979 nos fez entrar no universo dos países mais criativos do mundo. Um país do hemisfério sul, um país que na época não passava de subdesenvolvido aos olhos do hemisfério norte, sem tradição de marketing, sem tradição publicitária explode com um filme de execução tão simples. Onde estava o poder desse filme? Na ideia.

Na minha opinião, ainda falta ao Brasil entender que pode ser a inspiração para tantos países em desenvolvimento em modelos de negócios, serviços e produtos, assim como somos na comunicação. Porque a realidade em que vivemos é a realidade de muitos outros povos, e, apesar de tudo, somos um país gigante.

Para mim, a abertura das Olimpíadas do Rio de Janeiro foi um marco da comunicação brasileira para o mundo. Com todas as dificuldades conhecidas nos bastidores, ali estava a criatividade concretizada, como queria Domenico de Masi.

Onde tudo começou? Primeiro, na ideia criativa, e depois nas ideias que surgiram para viabilizá-las.

No momento em que a ideia vem é que a cadeira gira, a pele arrepia, o sorriso se abre, tudo muda para sempre e o mundo anda para a frente.

CAPÍTULO 1

COMUNICAÇÃO LÍQUIDA

"Nada é tão perigoso para a mente quanto assumir que nossas visões estão concluídas e que não há novos mundos a conquistar."

Humphry Davy, químico

No ano em que nasci, Marshall McLuhan, um visionário na teoria das comunicações, lançou o conceito de aldeia global. McLuhan era tão bom no que fazia que, enquanto milhões de pessoas povoavam seu imaginário com um futuro baseado em homens andróginos, carros voadores e roupas cibernéticas, todos isolados nas suas inteligências artificiais, ele nos deu uma visão totalmente diferente.

McLuhan previu e acertou que o futuro estaria naquilo que pode existir de mais simples: as pessoas. A conexão entre as pessoas. E, ironicamente, embora minha geração tenha a mesma idade do conceito da aldeia global (1968), embora minha geração seja da mesma época em que a internet surgiu nos Estados Unidos (isso mesmo... foi em 1970), somos de uma geração que não aprendeu a pensar coletivamente.

Como uma habitante da aldeia global, estou falando do Brasil e do mundo. Primeiro, fomos sufocados pelas ditaduras militares e Guerras Frias e pelo comportamento exclusivista dos yuppies nos anos 1980 e 1990. Chegamos ao século XXI (finalmente o que era o futuro da nossa infância havia chegado...), e nos foi dado o que realmente estava prescrito pelo grande mestre: nos entendermos como moradores da aldeia global.

Situação sustentada pela necessidade do homem de fazer conexões. Seja por que razão for. A tecnologia permitiu que a teoria de McLuhan se tornasse realidade. São tantas as possibilidades que este novo mundo — nosso mundo — ainda está aprendendo a se organizar.

Vamos agora a 2000. Naquele ano, o filósofo polonês Zygmunt Bauman, aos 75 anos, publicou um livro chamado *Modernidade líquida*. Naquele momento, o mundo saía do terror do "bug do milênio", quando se acreditava que todos os computadores iriam parar na virada para o ano 2000, já que tinham sido programados somente até o ano de 1999. Outra característica era o início das grandes mudanças impulsionadas pelo uso da internet em larga escala: mudanças que iriam crescer, multiplicar-se e acelerar o mundo. Em todas as áreas, inclusive na nossa indústria da comunicação.

Naquela ocasião, vários profissionais de propaganda — inclusive eu — deixavam para trás empresas de modelos mais tradicionais para abraçar promissores empregos em empresas da "nova economia". Depois de 18 anos, as mudanças não cessaram. Não houve um único movimento que tenha se consolidado em um modelo absoluto. E não cessarão. Por que podemos afirmar isso? Porque ainda se discute o modelo de hoje e o do futuro no Brasil e no mundo, e o mundo seguirá mudando.

Para pensar no futuro, temos de discutir o presente. Só saberemos o que ocorrerá daqui a dez anos se entendermos o que está acontecendo aqui e agora. E o modelo vigente é esse modelo líquido: um momento em que as coisas são feitas para mudar, se adaptar, se transformar. Em que tudo está em constante mudança, nada é sólido. "O líquido muda constantemente, sob a menor pressão", como dizia o próprio Bauman.

Por isso enxergo cada vez mais a necessidade de assumirmos a comunicação líquida.

Administrar e comandar uma empresa da área de comunicação, hoje, é mais ou menos como surfar uma onda. A mudança é constante. Estar atento a tudo o que está acontecendo e se transformando ao seu redor deve ser o seu mantra; planejar como vai acabar aquela onda e onde vai se formar a próxima deve ser a sua visão; traçar e mudar táticas hora a hora é uma questão de sobrevivência, lembrando sempre que o seu chão são as forças da água e dos ventos. Se isso é uma bênção ou uma maldição, não sei. Mas, por ora, é o que temos.

Comunicação líquida, porém, não é uma DR (discussão de relação) permanente. É usar a maturidade e a experiência adquiridas por meio da observação dos movimentos culturais humanos para entender e entrar em comunhão com o consumidor. Nesse contexto, ainda vejo, hoje, um grande inimigo para a indústria da comunicação: postergar a necessidade de uma nova conduta, a qual desapegar-se do passado é fundamental.

Ainda me assusto quando ouço falar em "braço digital", uma anomalia disforme no meu imaginário. O que chamamos de "digital" nada mais é que o diálogo contínuo e interconectado em que as pessoas vivem. Até mesmo na criação para os meios tradicionais é preciso pensar com essa lógica: interação, segmentação, mensuração, pois uma boa história no meio tradicional levará o consumidor a interagir em outro meio no segundo seguinte.

Na comunicação dos dias atuais, o meio não pode ser fim. E não é. É o início de uma relação.

O aprendizado possível de se extrair dessa intensa convivência com o consumidor vai influenciar não só a comunicação, mas também produtos e serviços. E produtos e serviços, por sua vez, comunicam. Assim, acredito que as agências devem voltar a ser o que eram: uma espécie de extensão do marketing do cliente, porque compreende as variáveis do negócio e o que alavanca resultados. Atentas ao mercado e ao consumidor, atentas às mudanças, às oportunidades cada vez maiores que requerem cada vez mais um olhar especial para cada problema a ser enfrentado, e com o olhar sempre voltado para causa e efeito: estímulo e resultado.

Somos de uma indústria criativa e não do mercado de commodities.

No mercado de commodities, os produtos são bem definidos e comparáveis, e o seu valor de mercado pode ser definido por pressão de oferta e demanda. Para nós, da indústria criativa, é o contrário: o que direciona esse valor são valores intangíveis que precisam ter alto índice de diferenciação, lidando com um número muito maior de hipóteses. Hipóteses cujos ganhos muitas vezes só poderão ser sentidos depois que nos permitimos experimentar. Desse modo, o nível de exigência dos contratantes da nossa indústria também deve ser altamente diferenciado, considerando que precisam lidar com necessidades e desejos de indivíduos, e com inovação de produtos e serviços.

Lidar com a comunicação líquida não é tão simples quanto falar sobre ela. No discurso, todas os prestadores de serviço na área de comunicação podem parecer iguais. O desafio é fazer a mágica da relação entre pessoas e marcas acontecer com grandes resultados para ambas as partes. Precisamos nos encontrar no ponto intermediário entre estas duas pontas: a que pensa e cria e a que faz acontecer.

Em uma era na qual os indivíduos também podem criar e produzir — e devem exercer essa possibilidade —, que papel terá uma marca? O futuro será de quem valorizar as relações humanas, trazendo o consumidor à mesa, de quem souber estabelecer um diálogo com espaço para a cocriação, para o compartilhamento e para a sua própria transformação. Em uma era em que enxergar grupos, tipos e indivíduos é perfeitamente possível, isso é como conquistar o mapa das minas de ouro. Podemos aferir dados, algo considerado "duro", mas para chegar a eles é preciso pensar líquido, assim como os seres humanos que geram esses dados.

Esse esquema da Singularity University, no qual participei de um Programa Executivo, ilustra bem a transformação ocorrida em todas as indústrias ao longo das eras.

Na última linha, complementei o gráfico de acordo com as discussões que tivemos lá sobre comunicação, confirmadas no meu trabalho do dia a dia.

NOVAS QUESTÕES, RESPOSTAS DIFERENTES

	COMO ERA NO PRINCÍPIO	AS TRANSFORMAÇÕES		ATUALMENTE
	GELO	**ÁGUA FRIA**	**ÁGUA QUENTE**	**VAPOR**
COMPUTAÇÃO	HARDWARE	SOFTWARE	INTERNET	NUVEM
SOCIEDADE	CLÃS, TRIBOS	ESTADOS, NAÇÕES	MULTINACIONAIS	REDES SOCIAIS
DINHEIRO	CABRAS, METAL	PAPEL	DIGITAL	VIRTUAL
MÍDIA	AO VIVO	BROADCAST	DIGITAL	ONLINE E INTERATIVA
EDUCAÇÃO	PRÉDIO	LIVROS	MULTIMÍDIA	INTERATIVIDADE
COMÉRCIO	PRODUTO	INFORMAÇÃO	IDEIA/EXPERIÊNCIA	DISPUTA POR ATENÇÃO
COMUNICAÇÃO DAS MARCAS	CARACTERÍSTICAS	BENEFÍCIOS	ATIVAÇÃO DE MARCAS	COLABORAÇÃO, COCRIAÇÃO, DESPERTAR REAÇÕES, EXPERIÊNCIA DO CONSUMIDOR EM DIFERENTES NARRATIVAS

Fonte: Singularity University

Na indústria da comunicação, me parecia óbvio que a transformação ocorreria em altíssimo grau, pois os consumidores são comunicadores em tempo integral, construindo significados para si e para as marcas durante todo o tempo.

Para fechar este capítulo, volto ao seu início: "[...] Zygmunt Bauman, aos 75 anos [...]". Sim, 75 anos. A modernidade e a comunicação líquida não estão "no corpo dos jovens", mas na mente de quem se mantém vivo, atento e forte. O mundo está repleto de exemplos disso: Caetano Veloso, Madonna, Spielberg, entre tantos artistas que se reinventam a cada década. Walt Disney deixou seu ideal como um propósito inabalado ao longo das gerações e se manifesta sempre em novas formas. Dior, como o mestre dos mestres na contemporaneidade. Shakespeare, sendo citado, recriado e reinterpretado por novos autores a todo momento. Por isso a importância de mantermos atualizado nosso *mindset*.

A modernidade não está em uma época, mas em um jeito de pensar.

Diante disso, Shakspeare e outros talentos da humanidade são e continuam sendo tão modernos.

CAPÍTULO 2

MARCA: A IMPORTÂNCIA DE COMEÇAR PELO COMEÇO

> Comunicação é um ativo estratégico para a marca do nosso cliente.

Neste momento em que a tecnologia é o facilitador da interação de marcas com seus públicos e vice-versa, vale lembrar a importância de estar conectado com seus consumidores, visto que eles são os grandes influenciadores de todas as transformações que ocorrem no mercado.

O mercado é feito de conversações. Não podemos nos limitar a pensar na aplicação das técnicas de comunicação sem antes direcionar olhos e ouvidos a entender os consumidores. Hoje, só fazem parte da conversa aqueles que entendem a fundo a cultura, se aproximam da sociologia e demonstram compreensão das necessidades do público com que querem se relacionar.

Quais os desejos, as esperanças e as aspirações desse consumidor? Que temperamento, que perfil psicológico tem? Como é sua família, seu trabalho, seu estilo de vida? Não é simples: o consumidor pertence a grupos socioeconômicos, mas também quer ser reconhecido como indivíduo. Ao mesmo tempo, tem preocupações coletivas, como as de ordem social e ambiental. O consumidor é protagonista e usa a tecnologia a seu favor, principalmente para a função básica de se comunicar. Afinal, somos todos comunicadores por natureza. A diferença é que, se antes estávamos restritos à nossa aldeia, agora alcançamos o mundo.

Cabe a nós, profissionais de comunicação, a responsabilidade de ajudar a fazer com que todo e qualquer ponto de contato entre marca e seus públicos seja uma oportunidade única de gerar valor.

> Conseguir transmitir os valores de uma marca nessa expectativa social e cultural é um trabalho incansável de observação, análise e entendimento.

Como se não bastasse a questão do discurso, há outro ponto característico da era em que estamos. Os produtos estão e estarão cada vez mais comoditizados. Ao mesmo tempo, há uma revolução na maneira como se pode produzir objetos. Tecnologias para produção customizada, barateamento e acesso a matérias-primas, todas essas possibilidades tornaram muito mais fácil o ato de copiar, criar e reproduzir.

> No espírito do nosso tempo, cada vez mais o que vai diferenciar um produto ou serviço é a marca. Uma marca é capaz de atuar em um universo de valores, expondo claramente suas promessas e conquistando um significado único.

A marca tem o poder de "chegar" antes de um produto ou serviço. Quando nos lembramos de uma marca, é pelo resíduo que ela deixou em nossas memórias. Isso pode ter origem na pressão dos seus esforços de mídia e/ou no seu significado. Ambos podem fazer a marca saltar na nossa lembrança, é verdade... mas é o significado que faz essa relação ser duradoura e sustentável no longo prazo.

O *share of mind* indica como e com que frequência uma pessoa pensa em determinada marca. Assim podemos dizer que esse índice é a lembrança associada a um significado, seja positivo ou negativo. O conjunto e a qualidade das experiências que ela proporciona vão definir seu nível de *recall*. Obviamente, o objetivo de uma marca é um *share of mind* carregado de significados positivos. Consequentemente, uma marca *top of mind* é normalmente aquela que está fazendo um bom trabalho.

> Toda transformação exige uma revisão de conceitos. A lógica da atuação das empresas também mudou pela influência e pela ação dos indivíduos e dos grupos na sociedade.

> Compramos produtos e serviços,
> mas nos relacionamos com marcas.

MARCA

Mas, afinal, o que é uma marca? Existem muitas definições para a palavra "marca" que variam de acordo com o objetivo do enunciador, mas todas elas acabarão levando ao mesmo lugar.

Vejamos algumas:

Marca é a síntese dos valores de uma empresa, um conjunto de percepções que cria significado único e uma poderosa ferramenta de alavancagem de negócios.

Marca é o que alinha promessa, negócio e discurso trazendo resultados. Aquilo que permite ter custos iguais ao concorrente e preços diferentes.

IDENTIDADE DA MARCA *VERSUS* DISCURSO DA MARCA

Vamos dividir nossa linha de raciocínio em partes: antes de trabalhar pela sua imagem, uma marca tem de definir sua identidade. Quem é ela? Qual a sua promessa? O que a empresa é, a sua razão de existir — ou seja, a sua identidade — é o próprio negócio.

Está claro? Por favor, não confundir Identidade com Identidade Visual. Identidade é o que somos!

Essa identidade deve estar representada em todas as ações que a empresa desenvolver e também na sua comunicação com todos os seus públicos e em todos os seus pontos de contato.

Como a empresa fala, como se comunica, que tipo de ações implementa, tudo isso perfaz o seu discurso. Aí sim podemos falar em Identidade Visual, que é uma parte disso, é sua expressão visual.

Resumindo: o que a empresa é deve estar espelhado em seu discurso. Na via oposta, aquilo que ela fala tem de refletir sua identidade.

No livro *A Marca Pós-Moderna*, o semiólogo Andrea Semprini utiliza os termos Projeto (Identidade) e Manifestação (Discurso). Ele afirma que a marca é "sustentada por seu próprio desenvolvimento e por sua potência". Assim identidade e manifestação são o atrativo de interação com as pessoas, no qual suas promessas, credibilidade e reputação serão expostas e avaliadas pelos públicos que atrai.

> Não podemos esquecer que não é só comunicação que comunica. Produto comunica e serviço comunica. Portanto, produto e serviço também são uma forma de discurso.

No Capítulo 7, que trata dos modelos de atuação das empresas de comunicação, falaremos sobre isso.

DISCURSO DA MARCA *E* IMAGEM DA MARCA

Há uma grande diferença entre discurso e imagem e precisamos deixá-la clara.

Discurso = o que a marca enuncia

Imagem = o que a marca enuncia + o que a marca faz + o que o consumidor entende e fala sobre a marca

O significado de uma marca — sua imagem — não pertence apenas à empresa que a detém, mas também àqueles com quem ela se relaciona.

> Jeff Bezos resumiu de maneira brilhante essa equação ao dizer:
> "Marca é aquilo que falam da gente quando a gente não está presente".

O principal ativo de uma empresa são seus clientes. A experiência dos consumidores no contato com uma marca precisa espelhar aquilo que ela enuncia. Uma marca não deve trair sua própria promessa. Quando a promessa não se sustenta, a própria empresa destrói seu valor e a consequência natural será o surgimento de detratores. Comparo muitas vezes o relacionamento de uma pessoa com uma marca com o relacionamento entre amigos. Quando temos um amigo de um relacionamento de longo tempo, em que ao longo da vida ele provou sua cumplicidade, amizade, valor, e um dia esse amigo pisa na bola, estamos dispostos a desculpar e lhe dar uma nova chance. Entretanto, se o passado dessa relação não sustenta tantos fatos positivos, facilmente viraremos a página e ficaremos com os amigos que nos interessam.

Assim é claro ver que o consumidor sempre está disposto a dar uma segunda chance para marcas que cumprem suas promessas, se esforçam pela relação, assumem os problemas e agem rapidamente para reverter qualquer problema.

Existem algumas atitudes que caracterizam uma marca forte, como tomar partido, não ter medo de se expor, despertar uma conexão emocional.

Isso sempre foi uma verdade. Agora é ainda mais, já que as marcas estão assumindo um discurso mais próximo, mais humano, precisam ter autenticidade e sustentá-la no diálogo diário com seus consumidores. Esse é um dos maiores desafios para as marcas atualmente. As marcas que temem despertar conexões mais profundas e verdadeiras correm o risco de ficar "mornas", "amorfas" ou até mesmo sem significado.

Tenho na memória um episódio ocorrido com um novo cliente da agência. Ele tinha investido milhares de reais no desenvolvimento de um novo posicionamento, novo logo, nova *tag line*, e um *brand book* incrível. Porém, um ano depois, nenhum resultado havia sido creditado a essas mudanças. Pelo contrário, a marca era morna e continuava morna.

Ao analisar o *brand book*, percebi que a marca era perfeita demais, correta demais, a emoção que tentavam passar era fria. Que pessoa é tão perfeita assim?

Portanto a conclusão a que chegamos para que aquele fracasso tivesse ocorrido era a seguinte: eles investiram para fazer uma mudança, mas efetivamente não fizeram. A marca era morna dois anos antes e continuou morna dois anos depois. Faltava àquela marca alguma imperfeição, algo que desacomodasse as pessoas, despertando emoções, curiosidade, mistério, sentidos. Da mesma forma que as pessoas não são perfeitas, dentro de uma abordagem mais humana, mais social, falando diretamente às pessoas, as marcas também não podem ser.

ESTRATÉGIA E POSICIONAMENTO

> Estratégia não é uma dimensão do tempo;
> é uma uma dimensão do espaço.

Não há como falar em marca sem falar em estratégia. As perguntas que se deve fazer ao definir uma estratégia são: "Que espaço quero ocupar neste mercado?", "Que espaço quero que a minha marca ocupe na cabeça e na emoção das pessoas?". Esse espaço poderá ser constantemente revisitado, afinal as estratégias também devem ser revisadas e atualizadas ao longo do tempo.

O espaço que queremos que nossa marca ocupe resulta no seu posicionamento. Quem se posiciona, se posiciona em relação a algo ou a alguém. Por isso cabe primeiro identificar o contexto em que ela se insere.

Empresas que olham só para o próprio umbigo, mais cedo ou mais tarde, irão morrer. Empresas que olham sua concorrência já sabem alguma coisa. Aquelas que olham todo o sistema em que estão inseridas, essas têm chance de vencer.

Assim a definição de uma estratégia passa por diferentes análises:

- a promessa da marca, isto é, a verdade que ela carrega e expõe;
- a concorrência e o cenário competitivo amplificado, não só no segmento;
- o zeitgeist, o espírito do tempo, o tipo de comportamento que as pessoas estão tendo naquele momento por razões filosóficas, sociais, conjunturais etc.

Como vivem as pessoas hoje? Como elas consomem? O que mudou na relação de consumo delas com cada segmento de produto/serviço e suas marcas? Como elas estão consumindo os meios de comunicação? Como elas estão consumindo temas e assuntos pertinentes a esta era? Essas são perguntas que sempre estarão presentes na definição de uma estratégia.

Marcas fortes encaram o mundo a partir desses e de novos olhares, sempre.

TIPOS DE POSICIONAMENTO

Em relação ao negócio, é importante ressaltar que só existem três tipos de posicionamento no mundo: ou uma marca é dominante ou é seguidora ou é desafiadora (altamente diferenciada).

Lembrando que marca é o próprio negócio, pois um negócio se faz dos ativos tangíveis e intangíveis. O posicionamento escolhido deve estar refletido na sua entrega — produto e/ou serviço — e na comunicação.

Uma marca dominante normalmente é uma marca democrática. Mas atenção: toda marca dominante é democrática, mas nem toda marca democrática é dominante. Uma marca dominante é aquela em que é claro o seu domínio de mercado em vários eixos e ter esse posicionamento de mercado deve se constituir numa vantagem para a própria marca e para seus consumidores. Por exemplo, ter melhores preços, ter uma ampla rede de serviços, ser facilmente encontrada e outros fatores extremamente importantes na experiência do consumidor dentro da expectativa de presença que uma marca dominante tem. Caso contrário, ao invés de "dominar" como o nome indica, ela será apenas um player grande, mas com uma marca "genérica", suscetível a oscilações de demanda e vulnerável perante a concorrência.

Marcas dominantes têm um repertório de linguagem amplo, de maneira a ser compreendida por um grande número de pessoas. Mesmo quando explora os diversos segmentos de públicos que compõem o "todo mundo", essas vantagens perante o consumidor devem ser percebidas. O que mudará ao falar de maneira segmentada são as argumentações para cada perfil de público do seu amplo universo de consumidores. No Capítulo 5, vamos explorar mais o quesito segmentação.

Uma marca democrática é aquela que assume as vantagens de estar ao alcance de todo e qualquer perfil de consumidor, ampliando seu potencial de venda. Ou seja, uma marca cujo produto não é excludente, mas não necessariamente ela será dominante no seu segmento. De toda forma, sua comunicação também não pode ser excludente.

QUANDO O CENÁRIO EXTERNO INDUZ UM REPOSICIONAMENTO

Em um cenário econômico difícil como o que o Brasil começou a enfrentar em 2014, a experiência precisou passar a conter proximidade, preço e facilidade de pagamento em qualquer circunstância. Um cenário bem diferente daquele de 2014 para trás.

Produtos de baixo valor agregado, amplamente consumidos no lazer das classes média e baixa — por exemplo, cerveja — em algum momento irão concorrer com o iogurte, o feijão e até mesmo com a conta de luz.

Ou seja, em um cenário de crise econômica, muitas vezes a marca tem de se comportar como categoria ao mesmo tempo que tem de sustentar seus valores de marca.

No âmbito da comunicação, o posicionamento se dá num espaço ideológico chamado semiosfera. Na semiosfera, há um encontro desses dois eixos culturais: o da sociedade e o da marca e seu sistema de signos, gerando assim a diferenciação desejada por cada uma das marcas em competição.

Vamos tomar como exemplo um segmento bastante presente nas nossas vidas: os supermercados. Em janeiro de 2017, o acesso à tecnologia já era uma realidade há alguns anos.

Além disso, ainda estávamos no meio de uma grande crise econômica no Brasil. O varejo alimentar se dava conta de que grande parte do consumo migrou para os supermercados de bairro ou para os grandes mercados onde o consumidor final podia comprar grandes quantidades a preços menores, os chamados atacarejos. O que aconteceu? Entre 2015 e 2016, o supermercado que olhava apenas outros supermercados como seus concorrentes logo sofreria com essa visão estreita. A concorrência passou a vir de outras frentes até então inexploradas, como a proatividade do comércio de bairro, as plataformas de *e-commerce*, casas altamente especializadas em algum tipo de mercadoria, e aplicativos de descontos. Essas frentes avançaram muito, ao mesmo tempo, num curto período, fazendo com que o cenário competitivo mudasse completamente em menos de dois anos.

Além disso, a experiência transversal do consumidor, ou seja, um mesmo consumidor frequentando diferentes tipos de pontos de venda — grandes, pequenos, virtuais — também se tornou uma realidade. Seres humanos são móveis, se permitindo experimentar aquilo que capture a sua atenção na sua jornada diária. São várias possibilidades: comprar online às vezes pode levar tanto tempo que talvez seja mais fácil deslocar-se até um ponto de venda físico. Ser um *heavy user* de vinhos ou de produtos orgânicos pode nos levar aos especialistas. Produtos recorrentemente comprados podem nos levar a adotar uma compra automatizada através de alguma ferramenta de *e-commerce*. Enfim, por tudo isso, é indispensável olhar o ecossistema como um todo.

PLANEJAMENTO POR PROCESSOS E CUSTOS *VERSUS* PLANEJAMENTO POR ESTRATÉGIA

Ao ler o título deste item, talvez você esteja pensando que o modelo mental e processual — processos e custos — seja adequado à gestão de uma empresa, mas não a uma decisão de comunicação. Não é bem assim. Se tudo que uma empresa decide para o seu posicionamento de negócios está orientado a processos e custos, isso impactará também a maneira como ela pensará a sua marca e a sua comunicação.

Sou da escola que defende que o planejamento deve ser por Estratégia por uma razão muito simples: seja para o negócio propriamente dito, seja para a comunicação, precisamos definir "que espaço queremos ocupar", "como queremos ser reconhecidos", "o que o nosso nome/nossa marca deve significar" e aí sim alinhar processos e custos a esse objetivo. Devemos tomar uma decisão e fazer com que as variáveis trabalhem a favor dela.

Se a empresa decide focar em processos e custos sem antes definir qual a sua estratégia, corre um grande risco de não chegar ao espaço que pretende ocupar no mercado, pois estratégia é aonde se pretende chegar. Processos são formas para se chegar lá, e custos são parte de um investimento. Por isso, precisam estar alinhados à estratégia.

Vou dar um exemplo concreto usando o caso de um novo cliente logo que começamos a atendê-lo: uma marca de bem de consumo de alto valor agregado que, após algumas mudanças reais no produto, queria posicioná-los no segmento *premium*. Ótimo! Para tanto, precisava disputar mercado com outras marcas cujos investimentos em Produto, Marketing e Comunicação eram muito maiores que os seus. O racional do cliente era o seguinte: já tenho produtos à altura de disputar esse segmento de mercado. Sei que não anunciarei tanto quanto os outros, mas basta eu anunciar que tenho um produto excelente que já estarei competindo.

Obviamente essa "estratégia" não poderia dar certo.

A partir do que expus no capítulo anterior, é possível identificar facilmente os problemas:

Quem se posiciona, se posiciona em relação a algo ou alguém. Seus novos produtos apenas tinham conseguido alcançar o nível dos que já estavam consolidados naquele espaço. Ou seja, um seguidor. Será que ser um seguidor era suficiente para gerar tráfego nas lojas ou ele se tornaria mais um seguido refém de promoções ou preço baixo? A opção a isso só poderia ser ter algo novo, relevante para contar sobre o produto ou uma história que emocionasse, engajasse, enfim, algo que os diferenciasse dos demais. Faltava também significado àquela marca. Tinha leve rejeição, provavelmente porque, até então, não se comunicava para se posicionar, apenas para vender produtos. E os produtos não estavam entre os mais considerados.

Nossa missão, portanto, num primeiro momento, ainda era explicar que uma estratégia não se desenha apenas com a verba disponível para investimento em mídia. Era preciso muito mais. Quais são as forças, as razões que nos levarão ao lugar que queremos ocupar?

Começamos a investigar um único diferencial que fosse no produto. Não havia, mas mesmo que houvesse, esse único diferencial seria insuficiente para chamar a atenção da audiência num segmento já consolidado e tão competitivo.

Enfim o cliente se convenceu de que a estratégia que ele precisava aprovar passava por contar uma história sobre a marca, ou melhor, sobre as pessoas que tinham potencial de se relacionar com aquela marca e por quê. Os produtos seriam a razão para acreditar na promessa da marca. Além disso, acreditar numa boa segmentação de públicos. Não era necessário falar com "todo mundo", já que era um produto de segmento específico, e isso faria nossa verba valer mais. Copiar o que os concorrentes estavam fazendo seria o pior caminho de todos.

Então, a primeira pergunta a ser feita era: "Que história nós vamos contar?".

Essa pergunta procuraria responder a um significado que desejávamos despertar na cabeça e na mente do consumidor.

Em segundo lugar: quem é esse consumidor? O que faz sentido para ele neste mercado e neste segmento? Dentro do universo de potenciais compradores dentro daquele *target*, quais os perfis que se sentiriam atraídos por uma história como essa? Que sentimento, que ideia, que conceito essa marca quer propor e significar?

Segmentar e ter discursos adequados a essas segmentações já reduziria bastante a necessidade de diversificar canais.

Em terceiro lugar: quais os canais mais corretos para chegar naquele público?

Com essas correlações, o custo deixa de ser custo e passa a ser investimento, pois o retorno virá. E havendo retorno, os valores a serem investidos poderiam se tornar até maiores que aqueles apresentados inicialmente pelo cliente, na esteira do sucesso de vendas.

Assim minha proposta é sempre adotar o planejamento por estratégia, aquele que realmente vai levar a marca ao espaço que ela precisa ocupar, e, aí sim, partir para a definição de processos e custos que nos levará a alcançá-la.

Percebem como tiramos a marca de "seguidora" para uma outra condição? Conseguimos levá-la à condição de uma marca "desafiadora"?

Controle de despesas não significa controle de receitas. As receitas não estão dentro da agência, mas fora dela. O grande ativo de uma empresa são seus clientes e eles estão lá fora. Pense sempre neles em 1º lugar.

MARKETING

Toda essa reflexão nos leva também à revisão do conceito de Marketing. O conceito clássico que aprendemos ao longo de décadas apresentava o marketing assim: "estratégia empresarial de otimização de lucros, através da oferta de produtos e/ou serviços às necessidades e preferências dos consumidores, recorrendo a pesquisas de mercado, design, campanhas publicitárias, atendimentos pós-venda etc.".

Porém, se atualizarmos esse conceito levando-o à ótica da comunicação contínua e em rede, procurando extrair valor da relação com o consumidor,

---

o conceito moderno de marketing é a conversação permanentemente com o consumidor, a fim de estabelecer o espaço para a marca em um contexto e expectativa culturais.

Seguramente, você já se deparou com alguma situação em que a comunicação de uma marca era excelente, encantadora, com promessas, mas seu produto ou seu serviço estavam longe de entregar tais promessas. Essa empresa não engana só aos seus consumidores, mas a si mesma. Uma ótima comunicação não é suficiente para mudar a sua imagem, porque as manifestações da marca não se esgotam aí. É também no dia a dia, ao ter contato com seus funcionários, colaboradores, com as experiências que ela proporciona que a imagem dela se faz. É ao responder às expectativas do consumidor que uma marca/empresa constrói credibilidade e relevância.

Quando nos sentimos enganados por uma marca, muito provavelmente voltaremos nossa atenção para um dos seus concorrentes, ainda que não os conheçamos direito.

Até aqui, estamos falando muito de marca, intangíveis etc. Mas e a tecnologia nisso tudo? Apesar de a tecnologia ter tido, no passado, residência nas áreas de TI das empresas, estudos indicam que mais de 90% dos projetos que envolvem *Big Data* e *Business Intelligence* passaram a ter origem nas áreas de negócios para solucionar demandas de Operações ou de Marketing. Ou seja, um novo e imenso mundo voltado para o consumidor ainda está em pleno desenvolvimento e a tecnologia é o facilitador das soluções.

> Cuidar da marca é um exercício diário,
> em todos os níveis da empresa e
> não somente na comunicação.

GESTÃO DA MARCA

Assim passamos agora a falar da gestão das marcas, ou seja, de *branding*. Há várias definições para *branding*. Nenhuma exclui a outra: elas ganham adequação de acordo com o contexto em que se pretende inseri-las.

Destaco primeiramente uma definição que é simples, direta, e envolve diretamente a visão do negócio:

- *Branding* é o equilíbrio na:
    - gestão de imagem da marca (percepção),
    - de sua rentabilidade
    - e de seu *market share*.

Toda ação empresarial tem de impactar positivamente esses três pilares. Tudo que a empresa fizer deve almejar o equilíbrio desses três pilares.

Vamos lembrar: a marca é o próprio negócio.

Nós, profissionais de comunicação, contribuímos mais diretamente com o nosso cliente no pilar da percepção de marca. Criamos discursos que visam provocar uma reação de engajamento com o consumidor, ajudando a desenvolver, assim, uma imagem e uma relação.

Lembre-se: produtos e serviços também constituem uma narrativa, portanto são considerados um discurso.

Nossa missão é ajudar a construir valor a partir das narrativas; já que o objetivo da empresa é gerar valor sustentável para a marca e para o acionista, e percepção de marca é um dos pilares que sustentam esse objetivo.

Outra boa definição é aquela que diz que *branding* é a transformação de valor em ação, ou seja, são os valores de uma empresa postos em prática.

> Portanto, *branding* não é só o discurso da marca; é um exercício diário de valores em todos os pontos de contato com os *stakeholders* (públicos de interesse) internos e externos.

Trata-se de algo que não se resolve apenas com uma campanha de comunicação interna, como muitos acreditaram um dia. É uma prática cotidiana que tem de ser monitorada e cobrada para, enfim, estabelecer-se na cultura da empresa. É preciso que cada ator dessa cadeia saiba quais atitudes estão alinhadas à cultura da empresa e quais não estão. Essa cultura dá significado a tudo o que vai se transformar em produtos, em serviços ou em comunicação.

CULTURA EMPRESARIAL

> Cultura é cultivo.
> É preciso semear para colher.

No caso de empresas que prestam serviços e que dependem intensivamente de pessoas, é necessário ter uma cultura ainda mais evidente. É preciso ter claro para todos os colaboradores quais atitudes e práticas serão valorizadas pelas lideranças da empresa por estarem alinhadas à sua cultura e as que serão repreendidas por não estarem.

Muitas vezes me perguntam em debates se vale a pena criar processos para ajudar a estabelecer uma cultura. Minha resposta é sim, é um jeito de fazê-lo. Porém, se a cultura não estiver clara, de nada adiantará criar processos. Afinal de contas, a cultura é o que determina processos, os quais muitas vezes não estão escritos em lugar algum! Certos rituais em algumas empresas são sinais claros de manifestação de cultura. Por exemplo, uma empresa que prega o diálogo, a transparência, pode criar naturalmente um ritual em que o/a presidente esteja disponível para falar e ouvir diretamente os funcionários. Esse ritual não necessariamente terá sido concebido como um processo, embora acabe tornando-se um, porque está alinhado com a cultura desejada e irá contribuir para fixar os significados que a empresa deseja imprimir.

> Processo não é mandamento;
> é filosofia.

Outro exemplo: todos já ouvimos a frase "A cultura de um país faz as leis de um país". Quando escutamos no Brasil a (absurda) frase "Ah! Essa lei não pegou.", seguramente trata-se de uma lei que não está alinhada à nossa cultura. Leis como a do cinto de segurança, por sua vez, "pegaram" não porque somos um povo superconsciente em termos de segurança ao volante, mas porque foram aplicadas multas pesadas aos contraventores.

Fato é que a aplicação de um processo (fiscalização rigorosa e multa em todos os níveis de norte a sul do país) formou um hábito e tornou a prática automática.

Experimentei, pela primeira vez, viver sob uma cultura muito clara e muito forte nos anos 1990, quando trabalhei na W/Brasil. Todos sabíamos quais eram as práticas da empresa, nas mínimas ações do dia a dia, e o que a empresa e os clientes podiam esperar de nós. Tudo era voltado para colocar na rua o trabalho mais diferenciado e mais criativo possível. Duas das frases que mais ouvia lá eram "isso a W não faz" ou "a W não trabalha assim".

Em minha avaliação, uma cultura é bem-sucedida quando uma prática é tão automática que chega a ser imperceptível, sem requerer esforço para divulgá-la.

Portanto, voltando à pergunta sobre processos, não existe uma maneira única para se promover uma mudança cultural. Criar processos para algumas práticas é útil apenas se os princípios da cultura desejada estiverem claros e forem praticados por todos os níveis da empresa. É muito útil também em caso de mudança de comando ou de fusões de empresas quando o desafio de unificação da cultura talvez seja o maior de todos a ser enfrentado.

Mas, ratificando, apenas estabelecer processos não basta.

É preciso dar um sinal claro do que será valorizado e do que será rejeitado. É preciso que aqueles que estão na empresa sintam o incômodo e vivam o dilema de não estarem alinhados ao que aquela cultura estabelece.

> "Quando um assunto não tem mais a menor relevância, o transformamos numa disciplina obrigatória."
>
> Peter Drucker

LUCRO E VALOR

O conceito clássico para Objetivo da Empresa era gerar lucro.

O conceito moderno para Objetivo da Empresa é gerar valor sustentável para a marca e para o acionista, o que obviamente inclui o lucro. Isso requer visão de longo prazo, de como sustentar o negócio ao longo do tempo, resultando em ganhos futuros, que somente se sustentarão se houver uma relação forte de preferência e lealdade dos consumidores em relação àquela marca.

Toda marca persegue chegar ao topo da clássica pirâmide de consideração de marca por uma razão muito simples: clientes fiéis significam resultado. Veja como clientes fiéis podem impactar a equação custos/resultados de uma empresa:

Consumidores fiéis	Consequências para a empresa
Compram e recompram os produtos da marca.	Possibilidade de a empresa fazer projeções estáveis de compra e de praticar preço premium.
Recomendam a marca aos amigos.	Redução no custo de captação de clientes.

Experimentam novos produtos, extensões de linha e serviços da marca.	Alguma margem de segurança nas projeções de venda.
Têm disposição para dialogar com a marca, fazendo críticas, dando informações que podem subsidiar a melhoria ou a criação de produtos e/ou serviços.	Orientação para pesquisas de desenvolvimento; redução de custos com elas.
Conhecem bem a marca, ocupando menos tempo do SAC.	Redução no custo de atendimento.
Defendem a marca contra detratores e sabem dar argumentos para que outros também possam defendê-la.	Redução de custos em eventuais momentos de crise.

Embora esse novo conceito de valor sustentável tenha se difundido no fim dos anos 1990, quando ganharam força as discussões sobre Responsabilidade Social Corporativa, ele ganhou novo impulso mais recentemente, fortalecendo-se com o conceito de Capitalismo Consciente.

Segundo os autores John Mackey e Raj Sisodia, Capitalismo Consciente é a evolução do conceito clássico de capitalismo para que este se alinhe ao espírito do nosso tempo.

> *"Capitalismo Consciente é pensar sobre o capitalismo e as empresas que melhor refletem onde estamos na jornada humana, o estado de nosso mundo de hoje e o potencial inato de negócio, impactando positivamente o mundo.*
>
> *Empresas conscientes são incentivadas por propósitos mais elevados de servir, alinhar e integrar os interesses de todos os seus principais stakeholders. Seu estado de cons-*

ciência torna visíveis as interdependências que existem em todas as partes interessadas, o que lhes permite atuar com sinergias que em outros tempos pareceriam repletas de contradições. Por exemplo: empresas muito voltadas exclusivamente para a lógica do capital, mas pouco automatizadas, buscando engajamento entre os funcionários sem políticas ao bem-estar dos funcionários.

As empresas conscientes têm líderes conscientes, movidos pela finalidade de servir à empresa, a todas as pessoas atingidas pelos seus negócios e ao mundo que todos compartilhamos. Empresas conscientes têm culturas de confiança, fé, são inovadoras e solidárias, e há na sua atividade uma fonte de crescimento pessoal e realização profissional.

São empresas que se esforçam para criar riqueza financeira, intelectual, social, cultural, emocional, espiritual, física e ecológica para todos os seus stakeholders. Há evidências de que essas empresas superam significativamente os negócios tradicionais em termos financeiros, além de criar muitas outras formas de bem-estar."

> "O consumo de amanhã será ainda mais discriminatório do que o de hoje para as marcas: podemos resumir dizendo que será "comprar produtos de qualidade de pessoas de qualidade."
> Mercedes Erra
> Cofundadora da BETC Paris

A Whole Foods, por exemplo, consegue manifestar em todas as suas ações esse alinhamento maior com o propósito consciente da marca. Para o público, demonstra verdade e gera reputação. Reputação que, por sua vez, traz *share of mind* positivo e retorno financeiro para os negócios, retroalimentando a importância do foco em impacto positivo desde as bases.

MATRIZ DE ATUAÇÃO SOB O MODELO DE CAPITALISMO CONSCIENTE

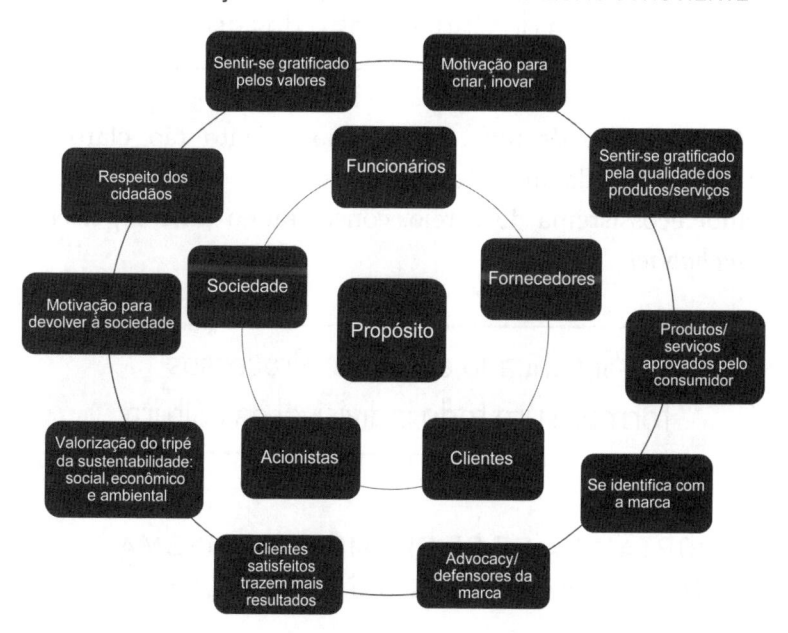

São premissas para que esse modelo funcione:
- ter como objetivo o impacto positivo em todas as frentes;
- só é possível atingir esse objetivo com uma cultura muito forte e muito clara nessa direção.

> As discussões sobre ética, sustentabilidade e transparência são consequência do acesso à informação e do poder da inteligência coletiva dos indivíduos e dos grupos.

A Whole Foods tem um posicionamento tão claro que estava à altura da ambição da Amazon, que deseja construir o melhor ecossistema de varejo, considerando uma experiência *omnichannel*.

> Significado e Rituais/Processos formam um todo indivisível da cultura.

A IMPORTÂNCIA DE SE PROMOVER A MESMA HISTÓRIA PARA TODOS OS *STAKEHOLDERS*

Entendemos o que são lucro e valor, marca, identidade, discurso, imagem, estratégia, posicionamento, planejamento por estratégia em vez de por processos e custos, *branding*, marketing e cultura empresarial. Esse é o ponto de partida para entendermos a importância de se ter um discurso integrado:

> Diferentes maneiras de contar a mesma história para diferentes *stakeholders*.

Durante muito tempo, a área de comunicação corporativa e a área de marketing viveram em mundos diferentes. Era como se houvesse uma diferença entre a "lógica corporativa" e a "lógica comercial". A área corporativa cuidava de assuntos "mais nobres", como recursos humanos, patrimônio, cultura da empresa, endomarketing, enquanto o marketing estava voltado para os assuntos mais cotidianos, canais de vendas, negócios. Mas, como já vimos, o que o *branding* nos ensina é que os valores da empresa e a orientação das suas práticas têm de ser os mesmos, seja pela ótica comercial, seja pela corporativa.

Relembrando:

Marca é aquilo que alinha negócio, discurso e imagem trazendo resultados.

No âmbito da empresa, o *branding* ou gestão de marca serve para vários objetivos, todos eles de vital importância para a cadeia de atividades:

- construir uma identidade única para os públicos estratégicos, caracterizando o propósito da empresa e seu papel no mercado;
- construir um diálogo crível e consistente com os *stakeholders* institucionais — acionistas, funcionários, produtores, revendedores, parceiros, pesquisadores, governos, jornalistas etc.;
- proteger a empresa em face de crises e cenários desfavoráveis;
- endossar marcas criadas para novos segmentos e/ou mercados;
- potencializar a oferta de serviços agregados (programas de fidelidade, atendimento ao consumidor, assistência técnica, garantias etc.);
- definir políticas internas;
- direcionar as ações de responsabilidade socioambiental, apoios e patrocínios;
- agregar valor financeiro para investidores.

Assim é fácil notar como aspectos do âmbito do *branding* têm como consequência um forte impacto financeiro para a empresa. Para atingir a lealdade do seu público, uma marca precisa ter posicionamento claro. Isso constrói marcas fortes que têm algumas características em comum:

- ter uma opinião, tomar um partido;
- ter um discurso claro, único, dentro do seu universo de valores;
- assumir diferenciais, deixar claras suas vantagens competitivas;
- abrir espaço para o diálogo a fim de permitir e estimular a interação e o engajamento do seu público.

Quanto mais forte uma marca, mais possibilidades de ela construir fãs e, portanto, de trazer mais resultados financeiros e econômicos.

Vamos usar a Whole Foods como exemplo para recapitular o que vimos até agora sobre *branding* e experiência.

O QUE ELA É:

- Acredita em alto padrão de qualidade.
- Tem uma ética muito clara: produtos orgânicos, gerados localmente, negociações justas.
- Jeitão americano de fartura, "quanto maior, melhor".
- Vale quanto custa: *premium pricing* é aceito por todas essas características.
- Bem-educada, sem voz alta, sem "empurrar coisas", varejo com elegância.

COMO ELA SE APRESENTA:

- Lojas amplas, abertas, um ar de "sejam bem-vindos, aqui você tem portas abertas".
- Arquitetura com materiais orgânicos: madeira, cerâmica, tijolos. O colorido dos produtos é envolvente.
- Layouts são amigáveis, alegres, fluidos, sensação de "lugar especial, experiência única".
- Canais sempre atualizados, navegação simples e confiável, sinalização bonita e correta — tanto na loja física como nos canais digitais e na comunicação.
- Atendimento e serviços estão além da venda de produtos, por exemplo, ofertas de cursos pertinentes a alimentação.

RESULTADOS:

- O consumidor se sente identificado, se sente à vontade.
- O consumidor se sente respeitado e confiante pelo nível dos produtos e serviços.
- O consumidor torna-se fiel porque a marca o entende, o respeita e oferece produtos e experiências superiores.

A Whole Foods começa uma nova era sob o guarda-chuva da Amazon com o principal desafio de provar que a boa experiência que ambas tinham nos seus respectivos ambientes pode ser ainda mais explosiva se abordada numa visão *omnichannel*; mantendo não só seus consumidores fiéis, mas conquistando novos consumidores para os quais a equação de preços precisa casar com mais acessibilidade, novos serviços e conveniência.

> "Se você gosta de um produto ou serviço, você deve pagar por ele. Seu dinheiro influenciará diretamente o produto que sobreviverá, melhorará ou morrerá."
>
> David H. Hansson
> Fundador do Basecamp

UM BREVE OLHAR SOBRE A SEMIÓTICA

Sempre que falamos de forma acadêmica sobre semiótica, os ouvintes se contorcem um pouco pela dificuldade em decodificar suas nomenclaturas.

É compreensível. Eu mesma muitas vezes falei que aprender semiótica é como adquirir lentes através das quais passamos a enxergar, muito mais do que um conhecimento para compartilharmos em conversas ou reuniões.

Trata-se de uma disciplina que abraça diferentes complexidades, a depender da corrente em questão, como a de Pierce, Saussure e Greimas. Não tenho a intenção aqui de penetrar na sua completude.

Mas por que ler sobre semiótica aqui neste livro ou em qualquer outro lugar? Porque, para quem é da área de comunicação, é um método de análise e uma linha de pensamento que nos dá um *framework* de trabalho. Uma metodologia para entender e avaliar as manifestações, as expressões e seus significados, assim como para criar.

Os modelos semióticos não separam o conteúdo do processo pelo qual se dá a comunicação. Eles formam um conjunto que envolve quem enuncia a mensagem, a própria mensagem, o sistema cultural, os códigos utilizados e quem recebe a mensagem.

Mas, ao contrário do Chacrinha, não vim aqui para confundir, mas para explicar. Assim procurarei esclarecer a abordagem semiótica de uma maneira bastante simplificada e adequada à nomenclatura já conhecida no meio publicitário.

Estudei a semiótica greimasiana, desenvolvida pelo linguista lituano radicado na França Algirdas Julien Greimas (também conhecida como Escola de Semiótica de Paris). Por essa razão, começo evocando um olhar para a comunicação, inspirada na visão dessa Escola, na qual qualquer manifestação — um projeto arquitetônico, uma partitura, um design, um texto — constitui uma narrativa, tendo o poder de "contar uma história" e construindo um significado. Assim, das cenas mais corriqueiras do dia a dia até uma manifestação complexa, qualquer expressão humana será passível de uma análise semiótica. Vale lembrar que uma abordagem moderna de comunicação exige entender que o que importa são as experiências com a marca. Ou seja, comunicação comunica, produto comunica, serviço comunica.

Sendo a comunicação um dos elementos de materialização do posicionamento de uma marca, temos aqui um primeiro paralelo com a abordagem semiótica, pois o significado surge de uma identidade e das suas oposições semânticas. Um significado se torna mais claro quando outros significados são excluídos na interpretação; ou seja, quando colocados em contraste com outros. Por exemplo: quando a Skol se posicionou como a cerveja que desce redondo, fazia todo sentido na medida em que admitimos que as outras desciam quadrado.

O significado da comunicação da Skol é tão vencedor que o conceito soube se renovar ao longo dos anos dentro de um mesmo sistema semiótico que envolve as cervejas: refrescância, turma de amigos, bebida gregária, momentos de alegria e descontração. Com o passar do tempo, o "descer redondo" ganhou conotação a mais, não só intrínseca (o líquido gostoso, refrescante, a bebida que cai bem), mas também extrínseca (a que traz bons momentos, que torna os momentos divertidos, em alto astral com os amigos).

O sucesso da Skol foi tamanho, que os competidores foram levados a buscar posicionamentos mais claros para suas marcas. Como evolução natural de um mercado maduro, o sistema original das cervejas se fragmentou em subcategorias, como as cervejas artesanais, as *long neck premium*, as saborizadas (*flavoured*), as turbinadas (para as baladas), as 600 mL de boteco, que passaram a conjugar o posicionamento de negócio, ao mesmo tempo que o posicionamento de comunicação, num sistema atitudinal descrito pelas ocasiões de consumo. Aqui vemos claramente uma abordagem semiótica, como a mediadora entre o mundo dos objetos (material — o produto) e o mundo dos significados (forma do conteúdo — como comunica seu valor).

Um outro recurso muito utilizado na publicidade que encontra paralelo na abordagem semiótica são as estratégias de manipulação no percurso enunciativo, bem como as tensões e a articulações do processo de manipulação.

Antes de mais nada, é preciso entender que a palavra manipulação aqui não tem sentido negativo. Manipular significa conduzir, levar aonde se deseja e a publicidade tem como função levar uma mensagem a ser compreendida da mesma maneira por diferentes públicos, provocando, assim, uma mesma reação. Ou seja, precisa levar um público-alvo a um mesmo lugar.

Voltando, então, às estratégias de manipulação: a Tentação, a Provocação, a Sedução e a Intimidação são formas de manipular uma mensagem.

Veja alguns exemplos recorrentes não só na publicidade, mas no dia a dia:

Tentação: faça tal coisa e você receberá esta recompensa. "Eu sou você amanhã", Orloff.

Provocação: será que você é capaz de alcançar tal coisa? "Quem disse que não dá. Na Fininvest dá", Fininvest.

Sedução: eu sei que você é capaz de alcançar tal coisa! "Just do it", Nike.

Intimidação: se você não fizer tal coisa, não alcançará esta recompensa. "Nossos japoneses são mais criativos que os outros", Semp Toshiba.

No Capítulo 5 deste livro, que aborda Segmentação e Argumentação, falaremos da necessidade de explorar os diversos perfis de público que podem e devem ser explorados na comunicação hoje, sobretudo pela fragmentação de canais. Para cada perfil de público, há o melhor argumento, o melhor caminho para atingir a emoção daquele grupo ou daquela pessoa.

Da mesma forma que na dimensão do conteúdo, encontramos paralelo com a abordagem semiótica num plano estratégico.

Veja: Greimas trabalha a partir de uma trama narrativa universal que se apoia em três pares de oposições: sujeito e objeto; locutor e destinatário; ajudante e oponente.

Alguém (Sujeito) deseja alcançar algo (Objeto de Valor) e é ajudado por alguém/algo (Ajudante/Coadjuvante), atrapalhado/boicotado/atacado por alguém/algo (Oponente/Antagonista), com elementos paralelos em cena: o Destinador, quem ou o que estimula, leva o herói a esse desafio, e o Destinatário (Receptor), o destino final, aquele que recebe o objeto de valor, é conquistado.

Para que o herói alcance seus objetivos, ele tem de passar por três provas: a prova Qualificante, quando ele adquire competência para o desafio; a prova Decisiva, quando ele põe em prática o que aprendeu e performa; a prova Glorificante ou Sanção, quando há o reconhecimento final, a vitória do herói.

Vejamos como essa jornada tem paralelo com uma outra narrativa: um planejamento estratégico de comunicação.

SUJEITO:

1. Marca — Quem é a marca, seus valores, seu posicionamento?

OBJETO DE VALOR:

2. Desafios — Aonde quero chegar? — Essa é a pergunta primordial de uma ESTRATÉGIA.

OPONENTES:

3. Cenário competitivo — Quem são meus competidores? Como se posicionam?

DESTINADOR:

4. Atitudes e Recursos — Que história tenho para contar? Que conteúdos vou mostrar? Aqui estão as perguntas que definem como vamos ENGAJAR.

AJUDANTES:

5. Mundo — Onde vou divulgar a minha mensagem? A quem vou me dirigir? Quem vai levar minha mensagem adiante? Chegamos ao plano de CANAIS POR SEGMENTAÇÃO.

RECEPTOR:

6. Atingimento dos Objetivos — Sim ou Não? Aferição de DADOS.

NOVA JORNADA:

7. Volta para casa/Novos desafios — Qual o próximo passo? Como a ESTRATÉGIA prossegue.

Esses ciclos são presentes em todas os níveis da comunicação. E no mundo atual, em que a comunicação ocorre em tempo contínuo, é um ótimo método de verificação das jornadas.

Unindo a visão estratégica com o discurso:

O discurso publicitário se apoia em sistemas de significados conhecidos pelos consumidores. Mas não é só isso. Um discurso de sucesso é aquele capaz de criar para uma marca novas formas de olhar para um cenário, uma situação, um benefício, para a vida de maneira a criar um impacto, uma emoção que vai reverberar numa ação por parte do consumidor, desde o início desta "era digital", em que os consumidores se tornaram atuantes nas redes em tempo integral.

Nesse contexto, muitas vezes haverá momentos em que o Sujeito não será somente a marca, mas um conjunto de atores. Que poderão ser, também, mudar para a posição de ajudantes ou antagonistas.

A sociedade, um grupo ou um indivíduo pode atuar como Destinador e Destinatário de uma marca ao mesmo tempo. Como Destinador, estimula a marca a buscar certos valores que devem ser entregues de volta para eles mesmos, sociedade, grupo ou indivíduo. Ao receber tais valores das mãos do sujeito-marca, torna-se Destinatário.

Especialmente nas redes sociais, a argumentação é a favor de uma posição assumida pelo Sujeito que está envolvido. Suas posições são fruto de sua história, de sua construção cultural, suas crenças e interesses. As pessoas são instigadas a interagir, a dar uma opinião nas redes sociais. Isso pressupõe um posicionamento, e um este se mostra mais claro nas oposições como citamos acima.

Dentro do caráter dinâmico das interações, observamos o exercício dos Sujeitos-Autores em justificar sua posição, muitas vezes num duelo que pretende estabelecer um vencedor. Porém, muitas vezes, os embates não necessitam um vencedor, apenas de um diálogo de ideias, ainda que um debate de ideias contrárias.

Ainda no contexto da era digital, as marcas estão sendo exigidas a se relacionar dentro de um sistema de valores que vão além do consumo pura e simplesmente. Muitas vezes, há questões políticas, ideológicas e socioeconômicas envolvidas.

Entretanto esse é um movimento que só sera bem-sucedido se a marca tiver legitimidade para tratar desses assuntos através de ações e atitudes. Antes, o consumo estava no âmbito do marketing apenas. Mas, hoje, os valores de marca são cada vez mais de interesse dos consumidores e estão no âmbito do *branding* (conjunto de valores colocados em prática) e não podem ser meras ações de marketing.

Essa legitimidade faz paralelo com as provas Qualificante, Decisiva e Qualificante do Sujeito.

VALOR SEMIÓTICO DA MARCA

De tempos em tempos, surgem discussões no mercado se marcas ainda conseguirão fidelizar clientes. Como construir lealdade? Com um conjunto de experiências positivas. É assim, por exemplo, quando nos relacionamos com pessoas e lugares. Qualquer experiência que uma marca proporciona ao seu consumidor constitui uma mensagem. É esse conjunto de experiências que fará com que uma marca construa significado.

O significado de marca faz parte dos valores intangíveis, aqueles que não têm existência física, como capital intelectual, patentes, design, direitos autorais, *know-how*, rede de relacionamentos, os talentos da empresa etc.

Seja nos casos de aquisição de uma empresa por outra, em que marca é o principal ativo comprado, seja na gestão de uma marca que já é do seu portfólio, as empresas precisam monitorar, manter e zelar pela cultura já construída, sob pena de ferir a relação que o consumidor tem com ela.

Foi assim quando a Coca-Cola resolveu mudar seu sabor em 1985, quando a GAP resolveu mudar seu logo em 2010, quando a Apple resolveu abandonar a certificação ambiental em 2012, quando a Adidas suspendeu sua coleção de camisetas alusivas à Copa no Brasil em 2014, criando um mal-estar preconceituoso e excludente. Essas ações mal planejadas exigiram esforços e investimentos para voltar à identidade e significados originais.

Enfim, em qualquer época, a cultura de uma marca ou de uma empresa seguem sendo seu foco mais importante.

Alguns parágrafos atrás expliquei que uma marca que tem clientes fiéis gera mais valor para o seu negócio.

Esse valor econômico tem o nome de *brand equity*. E um dos elementos mais contundentes do *brand equity* é a identidade da marca. Isso é claramente comprovado pelas transações de compra e venda de empresas. Muitas vezes, uma empresa adquire outra e suas respectivas marcas, e o valor da operação é bem superior ao valor contábil (tangíveis como máquinas, softwares, móveis, instalações e todos os seus bens duráveis). Por quê? Porque ele está comprando a possibilidade de geração de negócios que aquelas marcas proporcionam, ou seja, geração de ganhos futuros. A diferença entre o valor pago e o valor contábil foi valor de marca, ou seja, *brand equity*.

Portanto a criação do valor semiótico da marca é um aspecto fundamental, pois trata-se de associações positivas da marca com o que está projetado nas mentes e nas emoções dos seus consumidores e se reverterá em vendas.

CAPÍTULO 3

VENDER É UMA COISA, TRANSACIONAR É OUTRA

O objetivo básico do Marketing é gerar resultados para os negócios. Porém, há uma diferença entre vender e transacionar. Transacionar é o resultado de um bom processo de venda.

Quando entramos na "era digital", os players do varejo começaram a seguir uma mesma conduta: mídia tradicional para levar pessoas às lojas físicas; mídia digital para levar pessoas ao *e-commerce*. Uma visão míope, totalmente explicada pelo pragmatismo estrito da distribuição por canais, sem levar em consideração algo muito importante: um consumidor é uma mesma pessoa.

O consumidor vê o conteúdo da marca, não o canal em que está sendo veiculado. Como já dissemos no Capítulo 1, os canais são diferentes oportunidades de se conectar a histórias. E, como já dissemos no Capítulo 2, consumidor não enxerga canais.

Quanto mais invisíveis forem, mais força a mensagem estará provando pela perfeita associação entre o conteúdo veiculado e a naturalidade com que chegou até o seu alvo.

Essa condição encontra ressonância na visão de McLuhan de que os meios são extensões dos sentidos humanos.

Um estudo divulgado pelo PayPal, em 2016, amplia essa informação, detalhando o ciclo de compra em quatro estágios interconectados que envolvem: motivação de compra; pesquisa; decisão de compra e pagamento; e como o *mobile* vem otimizando esse ciclo, mesmo para varejistas de lojas físicas.

Os dados de consulta ao varejo em aparelhos celulares tiveram um crescimento exponencial nos últimos anos no Brasil. A jornada de "compra" pode começar em um aparelho e terminar em outro por diversas razões: porque faltou tempo em determinada hora para concretizar a transação, porque era preciso preencher um cadastro e preferiu fazê-lo à noite em casa com mais calma, porque o cliente gostaria de ver as peças que iria comprar em uma tela maior do que a do celular etc. As razões são muito pessoais e momentâneas, mas o fato é que o acesso à internet pelo celular mudou todo o jogo.

Por exemplo: *showrooming* é como ficou conhecida a prática de interagir com um produto em uma loja física, de explorar suas características, seu funcionamento, para então efetivar a compra depois em um *e-commerce*, no qual é possível pesquisar melhores preços, participar de programas de recompensas e ainda ter a comodidade de receber o produto comprado diretamente em casa.

Ao mesmo tempo, em várias categorias, sobretudo nas de grande valor agregado, como carros e imóveis, é mais comum que o consumidor explore ao máximo informações e comparativos e compareça a um ponto de venda físico para fechar a transação.

Foi no varejo americano de eletrodomésticos, em 2012, que ouvimos o termo *showrooming* ter grande repercussão pela primeira vez.

Basta lembrar o que aconteceu com várias redes de varejo americanas naquela época, como a Best Buy, o Walmart, a Target e a RadioShack, que tiveram sérios impactos de negócio por não terem se preparado no tempo adequado para essa visão além da loja física.

A Best Buy, por exemplo, foi uma das primeiras a aprender e a reagir, ainda que de uma maneira hoje considerada ultrapassada: com uma grande campanha de TV garantiu, em suas lojas físicas, o mesmo nível de preços e descontos praticados pelo *e-commerce* dos seus concorrentes. Hoje, sabemos que a estratégia deve prever a integração das dinâmicas dos canais. O cliente enxerga uma só marca, não importa em que canal ele está se relacionando. Portanto, faz parte da estratégia prever os diferentes tipos de comportamento de consumo de meios como parte da estratégia da venda e da transação.

Chamo a atenção para o fato de que, embora esses exemplos tenham acontecido anos atrás, os problemas fazem parte de um repertório constante de problemas que podem acontecer com marcas que não revisam constantemente suas estratégias. Assim como a vida, estratégias são dinâmicas.

E nos dias atuais? Vemos que o comportamento *showrooming* acabou ensinando aos donos de lojas físicas que eles deveriam atender ao comportamento do consumidor. Algumas marcas transformaram seus pontos físicos em locais de experiência, onde não necessariamente será feita a transação. Mas, havendo transação, mudaram as soluções logísticas também, reduzindo espaço para estoques no local, fazendo as entregas a partir de centros de distribuição.

O acesso à internet pelo celular alavancou também outro comportamento no consumo de meio: o uso simultâneo de telas.

Segundo dados do Google, a maioria dos brasileiros conectados vê TV ao mesmo tempo que interage com uma segunda tela. Em dados divulgados em 2016, a gigante de tecnologia afirma que 89% dos adolescentes declararam permanecer conectados se vão assistir TV e têm o smartphone como primeira tela. Em muitas casas, o aparelho "televisão" já não existe, e o conteúdo das emissoras de TV é assistido em quaisquer horários em quaisquer aparelhos com conexão.

Ainda sobre as múltiplas telas que assistimos, esses dados mostram que até para criar para os meios tradicionais é preciso pensar segundo a "lógica digital", em que a interação será fatalmente o momento seguinte a uma comunicação encantadora, útil ou relevante, seja em que plataforma for. O interesse por continuar em contato com a marca pode ter tido como gatilho um evento, um comercial de TV, um cartaz de mídia exterior, qualquer tipo de comunicação. Ao interagir, o que o consumidor vai encontrar? Para onde vamos levá-lo? Que assuntos vamos oferecer a ele para que o contato com a marca permaneça relevante e ele a leve adiante para a sua rede de amigos? Aqui começa o relacionamento de fato.

E é por isso que ter uma visão *omnichannel* é indispensável.

Mas atenção: ter uma visão *omnichannel* não significa estar em todo e qualquer meio. Significa estar em todo e qualquer meio que os públicos desejados acessam. Num plano de canais, o *omnichannel* de um não é necessariamente o plano *omnichannel* do outro.

E depois que a transação é concretizada, quais são os desafios? Como sustentar o momento da compra para além do momento de transação? Como promover uma experiência de canais consistente? As respostas estão no Capítulo 1, quando falamos sobre a importância de fortalecer o relacionamento, promover a recompra, fidelizar:

é absolutamente possível construir marca no varejo, por meio das diferentes experiências que propusermos. É preciso manter nas ações de varejo a mesma coerência com as promessas da marca.

Com as ferramentas disponíveis hoje, é possível acompanhar a jornada de cada consumidor e manter diálogos que conduzirão não só à transação, mas a um mundo de utilidades e relevâncias relacionado a produtos e serviços. Isso vai construindo significado para a marca.

As redes sociais também têm muita importância para as empresas de varejo. Estudos mostram que diálogos em redes de amizades são impulsionadores transacionais, pois as pessoas se sentem estimuladas a comprar algum produto depois que um amigo compartilhou informações sobre ele ou o avaliou com um "like".

A Sprout Social Index divulgou, no início de 2017, que 57% dos consumidores têm mais probabilidade de comprar de marcas que acompanham nas mídias sociais. E completa a informação afirmando que 75% deles realizaram uma compra porque viram a oferta da marca em canais sociais.

Existem alguns passos básicos para uma estratégia vencedora no varejo na era digital:

- expressar a promessa da marca tanto nos ambientes físicos quanto nos digitais;
- aproximar as experiências de compra na loja física com a de compra no *e-commerce*;
- atribuir a cada canal missão e função específicas e complementares, dentro da visão *omnichannel*;

- entender os consumidores com quem se relaciona: visão de *clusters* e indivíduos;
- comunicar-se e abrir espaços para o diálogo;
- conversar e interagir a partir de uma linguagem única, porém não excludente;
- modelar, mensurar e revisar constantemente — estratégias *always on*.

A propósito, todo jogo do varejo físico que aprendemos ao longo dos séculos é válido no ambiente digital: promocionar, simular a presença do vendedor para oferecer mais produtos, conceder mais descontos ou parcelas para pagamento de acordo com o valor da compra.

O importante é não apenas estar presente nos canais, mas descobrir a melhor forma de se fazer presente nos canais em que o consumidor da sua marca está.

CAPÍTULO 4

PESSOAS: COMUNICADORAS EM TEMPO INTEGRAL

Entre 2000 e 2006, toda vez que alguém me perguntava o que eu via como tendência na comunicação, uma das minhas respostas sempre era *o uso de mobile*.

Entretanto o contexto daquela resposta naquela época é diferente do atual. Muitas vezes eu e outros profissionais pensávamos em *mobile* como uma mídia, quando na verdade ele se transformou em algo muito maior que isso: ele é uma *tag* de interesses. Isso mesmo, uma *tag*: tagueamos e estamos tagueados pelo celular o tempo todo, e por isso conseguimos tirar proveito em tempo integral dessa ferramenta.

Para início de conversa, o ser humano é móvel, portanto uma plataforma móvel seria obviamente utilizada em larga escala por todos nós.

Assim como as pessoas navegam pela internet, elas navegam pela vida. E o celular sempre em mãos é o nosso controle remoto universal.

O ser humano é móvel e navega por toda espécie de canal. Por isso a comunicação das marcas também precisa ser *omnichannel*, um conceito um pouco mais avançado que o de *multichannel* (multicanal).

Quando usávamos o termo multicanal, nos referíamos a ter presença em várias plataformas, possibilitando a interação em cada uma delas. O conceito *omnichannel* envolve contar uma história com nexo entre os vários canais, fazendo com que um alavanque valor para o outro, a ponto de que o consumidor, mesmo passando de uma plataforma a outra, sequer perceba que fez essa passagem, porque a história continua sendo contada, fazendo sentido. Assim o celular também opera um papel fundamental, pois se integra com outros meios das mais diferentes formas, através de redes sociais, *beacons* (aparelhos que emitem informações por aproximação) em pontos de venda e eventos, apps de descontos etc.

Já não vivemos nos anos em que os meios digitais eram utilizados apenas por *early adopters* de nichos associados à tecnologia. Na curva de difusão da inovação proposta por Everett Rogers em 1962, esse "nicho" corresponde somente aos 15% iniciais, porém se pretendemos fazer uma inovação alcançar larga escala, precisamos abordar diferentes perfis de público, utilizando canais e mensagens adequados a cada um deles. Assim, com o uso da internet, ficou muito mais fácil levar uma inovação dos formadores de opinião a um grande número de pessoas, o chamado *mainstream*. E isso mudou tudo.

> Importante notar, porém, que a popularização da internet nos trouxe um interessante paradoxo: a internet possibilita alcance, mas os conteúdos são cada vez mais locais.

Todos os movimentos socioculturais brasileiros que observamos hoje, como a valorização do lugar de nascimento, da raça, da comunidade onde se vive, da família, tudo isso tem a ver com o desejo de dar alcance, ao maior número de pessoas, a temas que até então eram pessoais, familiares e, às vezes, até íntimos.

De onde vem essa necessidade? As motivações são as mais diversas. Impressionou-me quando visitei por acaso, em 2011, o site "Índios Online" (indiosonline.net). Naquela época, era um site bem básico, sem patrocinadores ou apoiadores. Logo na home encontrávamos seu propósito no depoimento de uma índia que dizia fazer vídeos no seu celular e os postava com o objetivo de divulgar a sua cultura. Ela dizia ao entrevistador: "se a gente não mostrar a nossa cultura para o mundo, quem vai fazer isso?". No fim das contas, seu discurso era como uma peça de marketing. Ela tinha o propósito de "vender" uma causa; estava preocupada em dar repertório às pessoas que não conheciam a cultura da sua tribo; queria angariar simpatia e valorização; entendeu que precisava de um meio de grande alcance, com possibilidade de compartilhamento.

Tornar escalável em pouco tempo um conteúdo até então restrito a um pequeno grupo ou comunidade é uma das belezas desse meio. Por isso o acesso à internet é considerado tão ou mais importante que a revolução causada pelas prensas de Gutenberg, que, naquela época, deu escala não somente às notícias, mas ao conhecimento e às ciências, ao permitir a expansão da produção e distribuição de livros.

A história do "Índios Online" refere-se à necessidade de um grupo. Mas e os indivíduos, como se comportam diante do fenômeno do alcance, compartilhamento e informação?

Quando falamos da comunicação entre pessoas, as redes sociais são um amontoado de impressões subjetivas e não lineares, sem critério claro. A instantaneidade, a velocidade das respostas acaba criando mal-entendidos, levando muitas vezes à polaridade instantânea que conhecemos.

Seria necessário ter uma atitude mais ponderada e analítica, a fim de se ter um diálogo menos emocional e formar opinião sobre os conteúdos que são expostos. Muitas vezes até fazer surgir um terceiro conceito — que não é nenhum dos que deram início à discussão — capaz de fazer coexistirem as diferenças possíveis a fim de sustentar um diálogo.

Se não tivermos essa tolerância e a disponibilidade de construir conceitos capazes de coexistir, acabaremos vivendo apenas agrupados por semelhança, reduzindo, assim, o acesso a argumentos e ideias diversas que dão riqueza às discussões.

O professor de semiótica aplicada, Héber Sales, num post no Facebook em 26 de julho de 2017, observou:

> *"Geralmente prefiro o argumento das minorias e dos divergentes — tenho baixa tolerância à mesmice. Está tudo bem desde que uma minoria não tente silenciar a voz da maioria (ou de alguma outra minoria, o que, quando acontece, é um paradoxo esdrúxulo). Como dizia Bakhtin,*

'o sentido e a criatividade estão na fronteira entre o meu contexto e o contexto do Outro. Não vale a pena calá-lo.'"

Assim a capacidade de dialogar nas redes sociais parece ser o mais difícil desafio de comunicação que o ser humano enfrenta nesta era. No contexto das redes, falar é fácil, porque o monólogo é fácil. Dialogar para discordar, dialogar para criar algo novo é difícil.

Uma análise mais aprofundada dos textos e imagens também é reprimida pelo caráter de isonomia nas redes — todos têm o mesmo poder de postar, de falar — autorizando imediatamente a reação de um interlocutor.

Uma rede social traz à tona conteúdos que podem falar ao senso comum ou levar a temas especializados. Os de senso comum estão normalmente ligados a questões compartilhadas dentro de uma cultura ou, numa abrangência mais ampla, a questões universais.

Nem por isso a importância na sua elaboração deve ser negligenciada, se pensarmos sob a ótica das marcas. Buscar essa coerência cultural sempre foi um desafio para as marcas também na propaganda, em qualquer época. As marcas democráticas, de ampla cobertura regional e/ou socioeconômica, por exemplo, enfrentam essa questão com muita ênfase. Regionalizar exige real conhecimento local para não cair em estereótipos que fatalmente serão rejeitados.

Os conteúdos de temas especializados referem-se ao conjunto de conhecimentos de uma determinada área ou disciplina. Quando o enunciador tem notório saber sobre um determinado tema, normalmente sua opinião é respeitada, embora não esteja livre das reações das pessoas — positivas ou negativas — a partir dos seus próprios sistemas de significados. Daí a gestão dos conteúdos em redes sociais merecer atenção quanto à real utilidade ou objetivo de tornarem-se "públicas" ou não. Esses temas, invariavelmente, precisam ser "traduzidos" para uma linguagem mais simples a fim de se fazerem compreendidos da mesma forma pelos públicos-alvo. É o caso das mensagens de utilidade pública, por exemplo, que têm um complexo cenário na sua realidade, mas precisam de reações simples e imediatas de uma população.

> Pessoas tendem a dialogar com marcas da mesma forma que dialogam com pessoas.

Se gostarem dessa marca, as pessoas se sentirão "magoadas" caso sofram alguma negligência, sintam que foram vítimas de alguma traição, de um trato ríspido ou de uma abordagem ruim.

Assim a gestão das redes sociais deve ter profissionais preparados para dominar conhecimentos mais aprofundados como argumentação, lógica, *branding*, linguagem, entre outros. Somente um conjunto desses conhecimentos pode dar a necessária autonomia a esses profissionais.

As marcas têm o grande desafio de se equilibrar entre essa linguagem cotidiana, oral, mas transmitir um universo de valores muito mais complexos.

Se pensarmos nos conceitos apresentados por Bakhtin, sobre discurso primário e secundário, encontraremos ali conceitos semelhantes. Tais gêneros primários estão ligados à expressão oral, à linguagem falada. O discurso secundário é mais complexo e é o que vemos, por exemplo, no teatro, romance, filosofia etc. Como sabemos, a arte é um dos recursos utilizados pela comunicação para aproximar as mensagens das marcas das pessoas. Ela trata de temas mais profundos, embora universais, tanto em termos éticos (de comportamento) como estéticos (narrativa).

Sendo as redes sociais um ambiente de natureza linguística e remota, um fenômeno como os *memes* se torna extremamente popular. Os *memes* são a versão moderna dos ditados, que surgiram justamente para organizar as ideias em torno de um senso comum.

Se tornamos um conteúdo público, esperamos que a isotopia (mesma interpretação) se estabeleça a fim de que sejamos interpretados conforme desejamos.

Porém, um passo antes de criar a mensagem, deve-se procurar entender o que precisa ser dito. Como as coisas estão funcionando naquele segmento de mercado, como as pessoas se relacionam com ele, o que esperam de produtos daquele segmento e de uma marca específica.

A gestão *always on* da comunicação não diz respeito apenas ao monitoramento do que está no ar. Diz respeito também ao momento anterior, quando se buscam os insights que contribuam para o desenvolvimento de um projeto de comunicação adequado aos públicos que se quer atingir, quando se acompanha o movimento das pessoas, o que elas estão pensando, as tensões que estão vivendo. Aqui está a oportunidade de a marca se inserir no diálogo, de oferecer algo relevante, de criar coisas novas.

Nenhum dado deve ser desprezado, sobretudo os que fazem parte do acervo público de alguém. Uma pessoa preconceituosa nas redes sociais provavelmente é preconceituosa em tempo integral: na piscina, no bar, em casa, no clube, na faculdade, onde for. As redes sociais são o espelho da nossa vida. Haverá também aquelas pessoas que procurarão projetar o que não são. O que as pessoas exibem ali são âncoras pelas quais querem ser reconhecidas. Muitas vezes temos de interpretar esse comportamento sob uma ótica sociológica ou psicológica.

Nas redes sociais, encontramos muito mais alavancas de conexão. O que as pessoas exibem ali são as âncoras pelas quais elas querem ser reconhecidas.

Mas nada resiste à realidade. Suas pegadas digitais, mais cedo ou mais tarde, acabarão mostrando seus verdadeiros hábitos.

> Todas as nossas atividades, das mais corriqueiras às mais importantes, deixam uma "pegada digital".

É possível gerenciar algumas restrições de acesso nos apps e redes de relacionamento, mas isso não significa privacidade. Apenas a redução de dados deliberadamente disponíveis.

Nós, cidadãos comuns, não temos muito o que fazer em relação a isso. Para conseguir realmente alcançar alguma privacidade, teríamos que abrir mão de todas as facilidades que a tecnologia trouxe para a nossa vida. Como provavelmente não vamos fazer isso, cria-se para o indivíduo a necessidade de "autorregular-se", mantendo uma boa reputação e uma boa imagem sobre si mesmo.

Lembrem-se que discurso é uma coisa e imagem é outra. Nas redes sociais, projetamos uma imagem e usamos um discurso para isso, mas é na leitura do interlocutor que se dá completo o significado.

Muito antes de as marcas pensarem em estar nesse ambiente, as pessoas já haviam povoado as redes e estabelecido suas regras de convivência, o que impõe às marcas a necessidade de criar relevância a fim de participar desses diálogos.

É a gestão da reputação que tanto indivíduos como marcas têm de valorizar e realizar a fim de transmitir os valores pelos quais desejam ser reconhecidos.

> Vivemos em um mundo onde ver, ouvir e sentir se tornam tão importantes quanto mostrar e compartilhar.

Para as marcas, portanto, essa linguagem mais próxima, mais pessoal, oferece uma oportunidade de extrair insights e criar abordagens no mesmo nível da significação que tem para as pessoas.

Não é suficiente, porém, analisar somente os dados oriundos das redes sociais. Isso traz o risco de alimentar uma bolha.

Apesar das redes sociais nos possibilitarem uma série de benefícios no aprendizado e no diálogo com as marcas, me sinto estimulada a compartilhar a opinião do gênio Zygmunt Bauman sobre as redes sociais, em entrevista concedida ao El País, em 2016:

> *"A questão da identidade foi transformada de algo preestabelecido em uma tarefa: você tem que criar a sua própria comunidade. Mas não se cria uma comunidade, você tem uma ou não; o que as redes sociais podem gerar é um substituto. A diferença entre a comunidade e a rede é que você pertence à comunidade, mas a rede pertence a você. É possível adicionar e deletar amigos, e controlar as pessoas com quem você se relaciona. Isso faz com que os indivíduos se sintam um pouco melhor, porque a solidão é a grande ameaça nesses tempos individualistas. Mas, nas redes, é tão fácil adicionar e deletar amigos que as habilidades sociais não são necessárias. Elas são desenvolvidas na rua ou no trabalho, ao encontrar gente com quem se precisa ter uma interação razoável. Aí você tem que enfrentar as dificuldades, se envolver em um diálogo. O papa Francisco,*

que é um grande homem, ao ser eleito, deu sua primeira entrevista a Eugenio Scalfari, um jornalista italiano que é um ateu autoproclamado. Foi um sinal: o diálogo real não é falar com gente que pensa igual a você. As redes sociais não ensinam a dialogar porque é muito fácil evitar a controvérsia. Muita gente as usa não para unir, não para ampliar seus horizontes, mas, ao contrário, para se fechar no que eu chamo de zonas de conforto, onde o único som que escutam é o eco de suas próprias vozes, onde o único que veem são os reflexos de suas próprias caras. As redes são muito úteis, oferecem serviços muito prazerosos, mas são uma armadilha."

O USO DE DADOS PARA O MARKETING PREDITIVO

Uma das mais celebradas justificativas para o uso intensivo de dados é chegar ao marketing preditivo, afirmando que este é desejado pelas pessoas. O marketing preditivo pretende fazer previsões e antecipar-se à expectativa do consumidor, trazendo-lhe uma comunicação mais acertada.

O marketing preditivo, portanto, usa a ciência dos dados e cálculos estatísticos para aumentar as chances de sucesso de uma ação. Nas ações digitais, ela se utiliza de ferramentas de *cloud computing* (computação em nuvem) e de *machine learning* (programar máquinas para que elas possam aprender através de inteligência artificial), valendo-se da leitura de dados para tomada de decisão. Essa é uma conduta que tem seu valor.

Por outro lado, para o relacionamento através de conversações, a criação de bolhas de conteúdos e pessoas pode fechar caminhos de criatividade e inovação.

Vejamos:

- há coisas que sabemos que conhecemos;
- há coisas que não sabemos que conhecemos;

- há coisas que sabemos que não conhecemos;
- há coisas que não sabemos que não conhecemos.

Como lidar com todas essas possibilidades se vivermos dentro das bolhas?

Para ir além da bolha, a resposta será justamente o uso da criatividade para chamar a atenção das pessoas, emocionando-as, desafiando-as, atraindo-as, superando as situações supostamente acertadas pelos algoritmos que nos cercam.

Nas redes sociais, a gente vê claramente os efeitos dessas bolhas. Por exemplo: se temos uma lista grande de pessoas como amigos, muitas delas não são visíveis diariamente. Elas estão escondidas por um algoritmo. Somente aquelas que nos deram mais "likes" ou às quais demos mais "likes", viram vídeos e clicaram em posts é que vão aparecer. Essa realidade expõe uma grande fragilidade das redes porque acaba criando pequenos círculos de "iguais" em que não se tolera a diversidade nem se preza o debate, e sim a confrontação. Sem a prática do debate não há exercício das ideias nem aprimoramento. Isso traz riscos ao desenvolvimento do conhecimento e às relações interpessoais.

Mas, voltando ao marketing preditivo, faço algumas ponderações.

Prever o futuro é um desejo da humanidade desde que ela existe. Mesmo sem consultar bruxas, visionários, médiuns, profetas, seitas, leitura de cartas, posso prever uma coisa agora: o homem não vai deixar de ter essa obsessão. Por isso o marketing preditivo ganha força. Mas o questionamento que tenho é: como predizer algo olhando apenas dados passados?

O computador não foi criado em um processo de marketing preditivo, as coisas geniais que Steve Jobs criou não foram tiradas de dados conhecidos. A Microsoft, com um modelo de negócio diferente da Apple, coloca todas as funcionalidades nas suas criações esperando que o consumidor decida o que quer usar. Mas como saber o que não sabemos? Perguntaram para a cantora Anitta na Brazil Conference 2018, em Harvard, como ela tinha conseguido atingir o estrelato internacional. Ela disse que pensou que se unisse o sucesso que ela tinha no Brasil com o sucesso que poderia fazer na língua hispânica seria quantitativamente suficiente para aparecer na lista internacional da Billboard. Com isso, seria enxergada também nos Estados Unidos. Ela visitou a Espanha, Los Angeles e países de América Latina e foi perguntando a empresários, produtores e pessoas que conhecia nas baladas quais as músicas que gostavam e por quê, até que chegou às parcerias que fizeram a ponte para o trabalho dela em outros idiomas. Ou seja, Anitta não traçou a sua estratégia pelo computador. Ela fez o que todo profissional de marketing e comunicação tem de fazer: ir à rua, conversar e entender as pessoas. Não significa que o uso de dados para marketing preditivo não serve para nada. Muito pelo contrário, serve muito. Mas é apenas um dos pilares que podem ser usados e não substitui a vivência, o conhecimento, a conversa, andar na rua, e a disponibilidade para pesquisar e aprender o tempo todo. Associações de ideias precisam de diversidade.

CAPÍTULO 5

A NECESSÁRIA BUSCA PELA COMBINAÇÃO DE DISCIPLINAS E CANAIS

Se tudo acabará convergindo para uma interação, não dá mais mesmo para falar em "digital" e "não digital". Tudo passa pela lógica de atuação.

Quanto antes uma empresa compreender a lógica digital — interação, segmentação, mensuração — mais chances terá de ganhar relevância entre os seus públicos. Mas não basta ser o primeiro. Levarão vantagem os primeiros que entenderem e atuarem seu ecossistema, mas também aqueles que os copiarem rapidamente.

Há um rastro de aprendizado deixado pelos primeiros e os seguidores rápidos poderão aproveitar para dar saltos, enquanto aos pioneiros coube a tarefa de explorar primeiro, prototipar primeiro e executar primeiro, o que leva tempo. Mas faz parte, é o chamado "ônus da inovação" ou "ônus do pioneirismo"; os pioneiros e os líderes sempre serão imitados. Por outro lado, o pioneiro que também for rápido manterá um *know-how* do mercado e poderá até direcionar para onde aquele segmento vai.

Como disse, esse seguidor tem de ser rápido. Um seguidor lento, morno será apenas alguém que corre atrás, sem oferecer grande competitividade. Um seguidor lento poderá ter até mais custos, pois quando seu ecossistema ficar pronto, os demais já terão avançado muito mais, tendo criado e desenvolvido coisas novas. Uma boa ideia, um bom serviço, um bom atendimento podem deixar de ser bons se não forem implementados no *timing* necessário.

A tecnologia na vida cotidiana trouxe não só um novo jeito de fazer as coisas, mas uma urgência e uma velocidade nunca antes vistos. Isso exige uma combinação de atributos e competências, por parte das empresas e dos indivíduos, que poderá trazer um outro nível de expertise e levar à velocidade desejada.

> A combinação de disciplinas, acima das fronteiras, talvez seja o principal aprendizado desta era.

Nem sempre é preciso criar algo totalmente novo para que estejamos fazendo uma coisa nova. Muitas vezes, o pedido para ser inovador no uso de canais significa apenas uma maneira inédita de pensar a integração de meios já existentes.

E, quando um segmento passa por uma ruptura, é comum que empresas se deparem com o desafio de conduzir a convivência ou a transição de um modelo mais tradicional a um modelo novo.

É evidente que um mercado em ruptura poderá ter, simultaneamente, consumidores do formato tradicional, consumidores que já adotaram o formato totalmente novo e outros que usarão os tradicionais e os novos ao mesmo tempo.

Na minha opinião, a mídia é uma das áreas que estão enfrentando essa situação, e talvez permaneçam assim por um longo tempo, pois os meios físicos, como mídia exterior, não desaparecerão e estão aos poucos se reinventando, podendo ser cada vez mais tecnológicos.

É essa dualidade que quem pensa só o meio "digital" parece desprezar, mas não é verdadeiro. O "digital" não é um fim. É uma ponte entre mundos.

Mas vamos voltar a um dos pontos iniciais: a estratégia. Entendendo qual é a estratégia de uma empresa ou de uma marca, os meios digitais serão recrutados para se atingir aqueles objetivos.

Portanto, aprofundaremos, a partir de agora, a visão sobre mídia e o atual cenário tecnológico que a envolve. Os veículos de mídia são apenas um dos tipos de canais de comunicação.

No cenário convencional da comunicação, o modelo de negócio da maior parte das agências baseava-se na intermediação da venda de espaços de mídia. Ou seja, o termo "agência" vem desse agenciamento, um cenário que trazia boas margens financeiras numa atividade de grande complexidade, criativa e artesanal. O grande valor aqui, entretanto, sempre esteve e está no que vamos veicular, no que vamos dizer.

Afinal, um conteúdo ruim em uma mídia ótima é só um conteúdo ruim multiplicado mil vezes.

Considero totalmente ultrapassado se contentar com um "plano de mídia". O conceito de "mídia", tal como se tornou conhecido no passado — com padrões de tempo e espaço predefinidos — não é mais suficiente para espelhar uma estratégia. É apenas uma parte dela.

Antes de mais nada, precisamos estabelecer que história vamos contar sobre aquela marca/produto/serviço para depois cruzar com o estudo dos *targets* — com que públicos queremos falar, o que eles fazem, por onde andam, do que gostam, do que não gostam — e aí então começar a desenvolver um plano de canais que poderá conter essas mídias de formatos pré-formatados. O conceito para a palavra canal é mais amplo e mais adequado à realidade atual. Um plano de canais contém qualquer tipo de "canal", desde um evento, uma ativação, uma peça de ponto de venda, TV aberta, TV paga, quaisquer pontos de contato digitais supersegmentados etc., enfim, as possibilidades hoje são inúmeras.

Outro erro comum é querer contrapor os tradicionais como TV, jornal, revistas, outdoors com meios baseados em plataformas digitais interativas. Aderir a um tipo de mídia significa automaticamente abrir mão da outra? Óbvio que não! Uma coisa não anula a outra. Pelo contrário, elas se somam. E se o conteúdo em uma for bom, útil, emocionante, relevante, o consumidor desejará continuar interagindo com a marca, independente de onde começou a comunicação.

Grande presença em canais abertos de TV é apenas um tipo de presença com uma função muito clara. Se falamos de marcas com a necessidade de ampla cobertura e linearidade, democrática, independentemente do perfil de público, é um formato que deve ser considerado. Em uma visão *omnichannel*, um canal pode e deve alavancar o outro. Um produto incrível num comercial emocionante na TV certamente será a ignição para que o consumidor chegue ao site da marca, por exemplo. E assim por diante. Por isso não faz sentido algum pensar em verbas por canal antes de sabermos que história vamos contar.

Outra ressalva: o fato de uma marca ter um produto de consumo de larga escala não torna todos os seus clientes iguais. Significa apenas que ela serve para muita gente de diferentes perfis, que está disponível em todo lugar e deve ser imediatamente reconhecida para competir de igual para igual com outros do segmento.

Será que as pessoas consomem esse produto de igual forma ou têm o mesmo nível de relacionamento com a marca? Certamente não. Pessoas não são todas iguais. Mesmo o produto mais funcional pode ter conquistado preferência por vários motivos diferentes, isolados ou combinados: o cheiro, o toque, a recomendação da mãe, de uma amiga, o custo-benefício, uma propaganda que emocionou, enfim, há sempre um conjunto de coisas que influenciam essa relação.

Para marcas democráticas, há o momento de falar em *broadcast* com "todo mundo" e há também o momento de explorar cada um dos perfis de público que compõem o "todo mundo".

Ao tratar do tripé sobre o qual se apoia a lógica digital, destaquei que uma das belezas do mundo digital é a possibilidade de segmentar mensagens. Os meios tradicionais nos permitem o *broadcast* (todos recebendo a mesma mensagem ao mesmo tempo), com cobertura e alcance macro, cuja afinidade se dá através dos conteúdos da programação. Combinar essa escolha de canal com microssegmentações vai trazer mais resultado potencial.

Os meios digitais nos permitem fazer segmentações massivas — que também são muito utilizadas por produtos de larga escala. Aqui também, conciliadas com uma microssegmentação de perfis, nos permitem acompanhar toda a jornada do consumidor.

No entanto, no momento atual da comunicação, temos um cenário de inteligência de mídia cada vez mais complexo e com mais agentes envolvidos. Por exemplo, veículos e plataformas sociais superespecializadas, respondendo a diferentes nichos, armazenamento e análises de *big data* muito mais constantes, além do fato de podermos adicionar informações de terceiros, como o banco do Serasa Experian, a uma determinada segmentação por afinidade demográfica.

Vivemos sob a cultura do algoritmo e não há como mudar essa realidade. Somos "tagueados" em tempo integral pela nossa interação, sobretudo nos aparelhos celulares. Todo tipo de tecnologia atual no mundo coleta nossos dados de navegação formando um *cookie pool* — seja nos meios digitais, seja na vida — para fazer análises e prever aquilo que gostaríamos de receber, ver, comprar etc.

Como tudo na vida, as coisas têm sua dor e sua delícia. Essa dinâmica que nos deixa felizes quando somos reconhecidos e recebemos uma informação que nos interessa muito é a mesma que nos deixa surpresos quando descobrem algo sobre nós que até então parecia escondido. Como é que esses caras sabem disso? — Já nos perguntamos algumas vezes.

Mas a experiência de receber uma oferta ou mensagem baseada no que interessa a você, por outro lado, agrada e torna nossa navegação ainda mais otimizada.

O uso comercial do *big data* é uma realidade cada vez mais comum. Os profissionais cujo trabalho é criar conteúdos e ainda não estão acostumados a lidar com o *big data* no dia a dia não devem se preocupar muito com o termo *big*. Cuidar dos muitos, incontáveis *teras* de dados é função de algum profissional de perfil tecnológico. Ela fará os cruzamentos e gerará os relatórios necessários, a partir dos objetivos determinados. Cabe ao estrategista preocupar-se em como atuar sobre o *data* que vem desses relatórios e dele extrair insights.

Os dados são oriundos das mais diferentes fontes, qualquer tipo de pesquisa *ad hoc*, secundárias, relatórios, visitas presenciais, *social listening* (observação de redes sociais), sua própria base de clientes etc.

A inteligência está em saber que dados buscar, onde buscar e como interpretá-los a partir de uma perspectiva histórica e numa projeção de futuro para os objetivos da marca. Isso requer mais que coleta de dados, requer experiência, e é por isso que para cumprir toda a sua abrangência gestão de dados é uma disciplina que reúne estatísticos, tecnólogos, gestores de canais e estrategistas. Esse é o conjunto de competências que fará a análise ter qualidade.

A seguir, vou explorar um pouco mais os dados obtidos através dos canais de navegação digital.

O big data gerado pela união dos dados de CRM com os dados de navegação do consumidor em ambientes digitais forma uma base poderosa de relacionamento.

DMP (sigla para *data management platform*) são as plataformas de armazenamento e gerenciamento de dados em que ocorre o cruzamento entre servidores de anúncios e plataformas de CRM (*costumer relationship management* ou plataforma de relacionamento com clientes).

Constituir uma DMP é vital nos dias de hoje. A partir dela:
- os estrategistas extraem insights para o que será desenvolvido para as marcas;
- ganha-se ainda mais poder de segmentação e mais assertividade;
- os profissionais de criação e conteúdo conhecem melhor os *targets* que recebem as mensagens;
- o marketing pode se tornar cada vez mais preditivo.

Até agora falamos muito sobre dados gerados nos meios digitais. Mas eles não devem ser os únicos avaliados no desenvolvimento de uma estratégia. Dados são gerados a todo momento, nos mais diferentes momentos, meios e locais.

Dados são reações de pessoas: uma compra, um clique, um share, um test drive, um interesse, uma recomendação a um amigo. O que há por trás desses dados são pessoas que reagiram a um estímulo.

Para compreender melhor o cenário tecnológico de mídia no tempo em que vivemos, é importante entender o papel desses diferentes agentes.

A agência é responsável por criar, planejar e executar a solução de comunicação para seus clientes. Quando essa solução envolve a compra de mídia, a agência tem algumas opções possíveis:
- Comprar um inventário direto de um *publisher*, no caso, o veículo.
- Comprar o inventário de uma *ad network*, uma companhia que tem os direitos exclusivos sobre a venda do inventário de alguns grupos de *publishers*.

- Comprar mídia disponível em uma *ad exchange*, uma plataforma de compra e venda programática de maneira eficiente na qual o inventário é leiloado pelos maiores lances (chamados de *bids*).

- Devemos ainda conhecer as DSPs — *demand side platforms* — plataformas online que facilitam a compra de mídia conectando, em um só lugar, o inventário de várias *ad exchanges*, *ad networks* e outras fontes disponíveis. Essas plataformas se popularizaram bastante por ampliar as possibilidades de compra, otimizar performances de compra de mídia e exibir todos os relatórios em um só lugar.

As agências podem, ainda, adicionar camadas de relatórios e verificação. Os *ad servers* são plataformas tecnológicas que hospedam e entregam peças publicitárias e produzem relatórios e outros tipos de análises sobre o andamento da campanha. As agências adicionam essas outras camadas que permitem acompanhar diversas informações, como impressões e cliques, tanto pelo *ad server* quanto pelo *publisher* (veículo), o que se torna um nível extra de verificação da entrega da mídia, sendo mais seguro que acompanhar apenas os números presentes em relatórios enviados pelo próprio *publisher*. Ou seja, uma fonte complementa a outra.

O *ad server* hospeda as peças criativas e age como sistema de entrega, exibindo a peça correta quando um usuário visita o site do *publisher*, consolidando cliques e impressões — assim como outras métricas importantes da campanha, como engajamento e conversão — em um único lugar, agrupados por parceiro de mídia. Isso permite que a agência acompanhe a performance de cada parceiro em tempo real (entenda-se por "peça correta" aquela que corresponde ao perfil que a peça procura atingir).

Para ampliar a performance e a agilidade de troca das peças criativas, são contratadas companhias de otimização dinâmica dos criativos da campanha, conhecidas pela sigla DCO (do inglês, *dynamic creative optimization*). Esse tipo de empresa, em alguns casos, hospeda e entrega as peças criativas, incluindo funções customizáveis para as peças — diferentes combinações de título, textos, imagens — o que permite mensagens dinâmicas diferentes para cada usuário.

Há ainda empresas focadas somente em mensuração e verificação. As empresas de mensuração entregam relatórios adicionais em tempo real, análises e insights tentando prever o comportamento dos consumidores e, assim, orientar a tomada de decisão da agência. Já os serviços de verificação são mais uma camada de tecnologia disponível para que seja possível uma visão mais profunda da performance da campanha, coletando dados dos usuários que a viram. Essas informações possibilitam que a agência decida que *publisher*, network ou *exchange* é a escolha mais acertada para a próxima campanha.

Mas não paramos por aí. Os *data suppliers*, também chamados de *third-party data*, coletam, compilam e vendem dados online e offline sobre os consumidores, incluindo informações geográficas, renda domiciliar, preferências acerca de seus estilos de vida e comportamento de compra. Essas informações são vendidas para plataformas que agregam e gerenciam esses dados — as *data management platforms* ou DMPs citadas acima — integrando-os em um mesmo *database* e tornando-os disponíveis para serem lidos e utilizados por outras companhias desse ecossistema que criam perfis de audiência ainda mais direcionados, otimizando a performance das campanhas.

Com tanta tecnologia envolvida, os grandes grupos de comunicação passaram a utilizar tecnologias proprietárias ou uma ou mais DSPs para comprar e otimizar campanhas de mídia, podendo utilizar também *ad servers* para ter dados adicionais e trabalhando em conjunto pelas áreas de estratégia e canais (mídia).

Se a agência pretende operar utilizando *retargeting* como estratégia digital, fazendo com que determinada oferta acompanhe a navegação do usuário na internet, também existem ferramentas específicas para essa finalidade, geralmente conectadas a uma ou mais *ad exchanges*, com um software que compra inventário de mídia em espaços que fazem sentido a partir dos dados coletados das atividades dos usuários após acessarem o site do cliente e serem tagueados, o que permite acompanhar seu histórico de navegação.

DMPs também entregam informações adicionais sobre o usuário, como suas compras offline, o que permite que as empresas de *retargeting* apresentem, por exemplo, peças criativas e dinâmicas baseadas nos dados de compra em lojas físicas da marca anunciante, exibindo no anúncio itens similares.

Esse cenário não é complexo apenas para o anunciante e para a agência, mas também para os veículos e *publishers* de modo geral. Surgem então as SSP — *supply-side platform* —, que facilitam o gerenciamento e a venda dos inventários de mídia de cada veículo em diversas *ad exchanges* e *ad networks*. É ali que os veículos podem definir o preço e o tipo de audiência de seus inventários, com informações básicas para que as plataformas tecnológicas se conectem entre si e façam o seu trabalho de lances no inventário disponível e compra.

Companhias que possuem um número muito grande de *networks* de veículos em seu guarda-chuva por vezes criam suas próprias *ad exchanges*, permitindo que seu inventário seja oferecido para venda somente nesse espaço. O Google com sua rede DoubleClick, o Facebook com sua Facebook Exchange ou a Oath (AOL, Yahoo, MSN) são os principais exemplos dessa prática.

Cada *ad network* possui a exclusividade de venda do inventário de um grupo específico de veículos e *publishers*, geralmente em uma vertical de determinada temática (por exemplo, esportes, beleza, carros etc.), que fala com o mesmo perfil demográfico de consumidor e de audiência direcionada, mas podendo também ser uma rede horizontal agregando veículos com perfis de público e temáticas das mais variadas. Em ambos os casos é comum o inventário ser pré-comprado dos *publishers* e revendido para os anunciantes com um novo preço em lotes de mil impressões — ao custo de mil impressões ou CPM.

As já citadas SSP, portanto, facilitam a venda do inventário de mídia agrupando *ad exchanges* que, por sua vez, agrupam *ad networks*.

Há muita informação, mas, na mídia programática, algoritmos ajudam a mensagem a encontrar o público certo na hora certa.

Com toda a tecnologia disponível, há muito mais possibilidades de aferição, mas não há uma linha reta até o consumidor.

Embora possamos escolher perfis, locais e horários, isso não nos dá 100% de certeza de que um estímulo chegará a uma pessoa no momento certo.

Além disso, há um número crescente de pessoas ao redor do mundo que atualmente usam *ad blockers*, ferramentas que bloqueiam a exibição dos anúncios meticulosamente escolhidos por todas essas plataformas tecnológicas de mídia. No Brasil, segundo relatório da empresa especializada PageFair, em 2017, 6% da audiência em meios digitais usou *ad blockers*. Em nível global, esse percentual foi de 11%. Por outro lado, segundo a mesma fonte, 77% dos usuários americanos estariam dispostos a visualizar algum tipo de anúncio.

Qual o melhor antídoto para a adoção de *ad blockers*? Resposta: boa propaganda[1].

Ou seja, como sempre, a criatividade será o diferencial e novas formas de publicidade vão surgir não só por causa dos *ad blockers*, mas pelo excesso de ofertas, informações e estímulos que uma pessoa recebe hoje.

Para aqueles que não pretendem ser técnicos nessas ferramentas/disciplinas tecnológicas, o importante é não se deixar assustar com a complexidade do cenário e preocupar-se em entender a sua dinâmica e seu impacto no seu trabalho. Como em todos os segmentos de mercado, a tecnologia vai cuidar do que é processual — no caso aqui, do cruzamento dos dados — e vai deixar para o ser humano aquilo que ele tem de melhor: sua inteligência, seu livre-arbítrio, a ética, a criatividade, a emoção — neste caso, a possibilidade de criar experiências que emocionem e mobilizem outros seres humanos.

UM OLHAR SOBRE AS SEGMENTAÇÕES

Recorrerei a Shakespeare para falar sobre uma abordagem mais moderna sobre segmentação.

As grandes obras tratam de sentimentos e dramas universais, dignos do ser humano.

Como citei na introdução, Shakespeare permanece moderno porque se baseia na essência do ser humano. Os seres humanos são neuróticos, agressivos, passivos, românticos, inseguros, ambiciosos e tantas outras coisas mais, e essas características emolduram as narrativas das suas histórias. A identificação é imediata, seja em relação a nós mesmos, seja ao pensarmos em alguém que reconhecemos naquelas atitudes ou reações. E sua genialidade estava em criar cenários e personagens que davam

---

1. Faço aqui uma ressalva. Propaganda é a divulgação de uma ideia; pode ter qualquer formato.

luz a esses conflitos, que podem ser traduzidos perfeitamente para os dias atuais em qualquer lugar do mundo: paixões arrebatadoras, desprezo dos pais, submissão da mulher, o medo da morte, traição etc. Sua obra foi escrita e encenada num período de grandes transformações, o Renascentismo. Que tipo de reação teve cada um desses perfis numa era tão perturbada e transformadora? No Brasil de 2013, perante as primeiras manifestações de rua, como reagiu um otimista, um pessimista ou um inseguro? E que tipo de mensagem uma marca poderia emitir para os seus diferentes tipos de audiência, sabendo que era aquele o contexto político-social?

A universalidade de uma narrativa é que faz com que um comercial criado na Noruega possa emocionar alguém no Brasil e vice-versa.

Mas então devemos desprezar a geografia e as questões culturais locais e adotar sempre a universalidade? Claro que não! Como dissemos logo acima, "há o momento de falar com todo mundo" (universalidade) e o momento de falar com cada um dos perfis de público que compõem o "todo mundo" (segmentações).

Por décadas, a publicidade trabalhou com grandes segmentações, etária-sociogeográfica, por exemplo, ambos os sexos, classes AB com mais de 25 anos.

Com o passar do tempo, hábitos e atitudes foram sendo incorporadas, por exemplo, anda de ônibus, frequenta o bar todo fim de semana, costuma viajar com a família, faz faculdade, vai a shows de hip hop etc.

Com as mídias digitais, mais segmentações se tornaram possíveis através de assuntos de interesses, demonstrados pelo seu histórico de navegação, como: gosta de cinema, séries de TV, artistas, entretenimento, carros, mecânica etc.

Porém, aquele tipo de segmentação por perfis psicológicos que citei anteriormente — neurótico, inseguro, calmo — começa a ser cada vez mais explorado e independe de classe social, região, escolaridade etc. Esse tipo de segmentação é transversal a todas as outras segmentações.

Portanto, ao pensarmos numa matriz argumentativa, temos de levar em consideração que as pessoas agem de acordo com as suas emoções e seu inventário comportamental.

O jeito de ser de uma pessoa, seu temperamento estão intimamente ligados à emoção que ela espelha no mundo e com as quais constrói as suas relações.

A ARGUMENTAÇÃO

A vida humana está cada vez mais complexa. Cada vez menos homogênea e cada vez mais multifacetada, com gostos, desejos, anseios e necessidades cada vez mais diferentes.

Por sua vez, no âmbito comercial das marcas, existe uma variedade muito maior de produtos. Se antes havia shampoos para cabelos secos, normais ou oleosos, hoje existem shampoos também para cabelos com tintura, cacheados, afro, lisos, curtos, longos, com caspa, com perfume, sem perfume, restauradores etc. É possível ver um portfólio variado de produtos em qualquer segmento. Dezenas de modelos de liquidificador, carros, tênis, celulares. Entretanto toda essa variedade não satisfaz o consumidor. Cada vez mais ele experimenta mais... e quer mais.

No âmbito da comunicação, por haver tecnologia para aferir dados de pessoas e para distribuir comunicação massivamente, é que hoje utilizamos matrizes argumentais para comunicar.

Hoje, é possível endereçar mensagens cada vez mais individuais, numa escala de personalização que os produtos ainda não alcançaram - mas poderão um dia alcançar.

Ou seja: há um grande número de informações sobre cada indivíduo que, combinadas, podem gerar uma grande variedade de segmentações:

Residência, idade, lugar de nascimento, momento de vida, quantidade de filhos, se tem filhos homens e/ou mulheres, para que time torce, que locais frequenta, se é um viajante costumaz, se é econômico ou gastador, se tem carro próprio, se usa transporte coletivo, se compra roupas de grife, se compra roupas de marcas populares, se só compra roupas em liquidações, se usa sapatos de número grande ou pequeno etc.

A Lei norte-americana permite que as empresas comercializem dados dos seus clientes. No Brasil, as políticas são mais restritivas em relação ao uso de dados das pessoas, o que pode ser consequentemente restritivo para a comunicação, porém é uma situação mais segura e confortável para as pessoas quanto à sua privacidade como cliente.

Dada essa complexidade, é recomendado atuar com uma matriz de conduta de canais, na qual se insere a matriz argumentativa por grupos de tipos de pessoas.

Desenvolvemos uma matriz de tensões e desejos dos consumidores. Depois criamos uma matriz em que as *features* do produto/serviço estejam envolvidas numa história que corresponde a cada tensão ou desejo. No âmbito da marca, busca-se também uma identificação entre o universo de valores da marca e o perfil psicossocial do indivíduo.

Para cada segmento de público, em cada momento da sua vida, uma maneira diferente de contar a mesma história.

Existem vários níveis de segmentação e várias metodologias de segmentação comportamental. Vou destacar aqui uma delas, que tem se mostrado um modelo simples e eficaz. Mesmo sem saber quem é a pessoa com quem estamos falando, falamos com um indivíduo. Portanto, sabemos com que tipo de pessoa estamos falando. Essa metodologia foi batizada de Ocean, acrônimo para:

Openness — Abertura: o quanto aquela pessoa é aberta a novas experiências

Conscientiousness — Consciência

Extraversion — Extroversão

Agreeableness — Amabildade

Neuroticism — Neuróticos

Com base num inventário comportamental, fazemos um elenco de preferências e competências daquele indivíduo e estimamos as prováveis reações a uma comunicação desenhada para o seu perfil. Relembrando: de onde vêm esses dados? De dados de navegação em plataformas digitais, mas também de bases de dados compradas.

CONTEXTUALIZAÇÃO E MOBILE

A contextualização também é uma forma de segmentação e é muito usada no planejamento de canais, podendo ir da mais ampla à mais restrita localização ou momento histórico. Por exemplo: quando o uso do celular começou a se expandir em taxas globais, os chineses cunharam o termo "microtédio", que se caracteriza pelos momentos em que não estamos fazendo nenhuma atividade específica e temos um momento entediante, vazio, para preenchermos com o que quisermos. O celular é o companheiro perfeito para esses momentos. Estamos falando da fila do banco, da espera da consulta médica, da espera da saída do filho da escola, aqueles minutinhos na cama antes de dormir, esperando o amigo no restaurante e afins. Quem não aproveita esses momentos para ver o saldo bancário, responder mensagens, dar uma olhada no resultado do campeonato, acessar o Instagram e o Facebook, jogar um pouquinho, ver o vídeo que o amigo mandou e ficou salvo pra ver depois, ver as últimas notícias, e até fazer uma compra por impulso? Enfim, é um momento em que a pessoa está totalmente no poder do seu próprio tempo para fazer o que quiser.

Perceba que existem diferentes atividades que podem ser desenvolvidas para o "nosso controle universal", o celular. Para alguma dessas funções, ou para uma combinação delas, ele vai servir:

Kill time — passatempo — jogar paciência

Save time — utilidade — pagar contas no banco

Prime time — assuntos de alto interesse — ler mais um capítulo do livro ou assistir ao episódio da série que você está adorando.

As marcas, por sua vez, também devem olhar por esses prismas. Elas podem usar o celular para entreter seus clientes, para alguma informação em forma de *brand utility*, para uma promoção instantânea ou para oferecer um conteúdo muito relevante.

A mobilidade permite também um outro tipo de contextualização: o consumidor em trânsito, os últimos e os próximos momentos da sua jornada em deslocamento físico.

Essa é hoje uma das mais poderosas ferramentas de publicidade digital, sobretudo nos centros urbanos.

Por exemplo, ao entrar no carro e digitar no Waze o seu destino, um conjunto de dados já passa a ser considerado. No caso do destino ser um ponto de venda ou serviço, uma série de ações podem fazer sentido.

Existem diversas condutas no marketing de geolocalização:

Como passamos todo o tempo com o celular ligado, consumir informações endereçadas a nós enquanto estamos parados no trânsito não deixa de ser útil.

Se um conteúdo é realmente relevante ou capaz de entreter o consumidor naquele momento, a chance de alavancar resultados aumenta muito.

Tudo começa com uma análise de comportamento: hábitos do usuário no mundo físico, como locais e horários de compra. Sob o conceito de *"last mile to store"*, as pessoas podem ser estimuladas a ir até um determinado ponto de venda ou o contrário: se ele está na região de um concorrente, podemos estimulá-lo a experimentar a nossa marca ou oferta.

Agora, pense na força que os dados de deslocamento pela cidade ganham quando associados à comunicação em mídia exterior. Você vai poder veicular mensagens para os perfis de público que estão passando por ali e, com a integração tecnológica entre os painéis e celulares, que logo estarão disponíveis, aferir dados muito mais precisos.

A mídia exterior tradicional também pode se fortalecer com o georreferenciamento. Usando os dados disponíveis pelos bancos de dados como aqueles geridos por empresas, por exemplo, o Serasa, é possível localizar e quantificar indivíduos com determinado perfil ou potencial de compra naquela microrregião.

Essas são algumas das aplicações que tornam a leitura de dados uma ferramenta poderosíssima para o relacionamento com o consumidor. Nesse contexto, a relevância é fundamental, pois sendo o aparelho celular atualmente a nossa principal tela, ninguém quer ser interrompido por algo que não interessa. Por isso a criatividade e os dados formam as duas faces de uma mesma moeda, como veremos no capítulo a seguir.

UM OLHAR SOBRE O IMPACTO DA TECNOLOGIA NA COMUNICAÇÃO POLÍTICA

Em maio de 2017, o embaixador Celso Lafer foi entrevistado no programa Globonews Painel. Na sua exposição, ele fez comentários sobre o impacto das plataformas digitais na comunicação política nos dias de hoje. Ele afirmou que não basta mais um bom discurso para que um candidato alcance o sucesso. Como exemplo, citou a disputa americana de 2016 em que Hillary Clinton era uma candidata com um discurso altamente articulado contra Donald Trump, que era um franco-atirador, mas falava diretamente às redes sociais com o linguajar e o ímpeto de uma pessoa comum.

Nas palavras de Lafer, "não é apenas a qualidade de um discurso que os que eram da fase analógica seriam capazes de apreciar". É preciso chegar a todos na forma e nos canais.

Continuando, deu como exemplo brasileiro os governos FHC e Lula, quando as redes sociais ainda não eram tão desenvolvidas como hoje. Eles se comunicavam muito bem e o povo ouvia o que eles tinham a dizer, dando a sensação de que havia um rumo para o país. Hoje, as pessoas escutam os governantes e mais uma massa de amigos e influenciadores de diferentes correntes, opiniões etc., tornando muito mais difícil a um governo obter consenso.

Some-se a isso a globalização, que fez com que os países perdessem a capacidade de se "internalizar", de internalizar seus problemas, independentemente do que estivesse acontecendo no mundo.

Assim ele conclui que a capacidade de indicar um rumo é o grande desafio imposto pela era digital a um político, seja candidato ou governante.

CAPÍTULO 6

DADOS INCRÍVEIS RESULTAM DE EXPERIÊNCIAS INCRÍVEIS

Durante anos, convivemos no mercado com uma crença de que agências muito criativas não entendiam de *analytics*, performance e gestão de dados, e que empresas muito boas nessas disciplinas não poderiam ser criativas. Essa é uma das maiores bobagens que podemos produzir em nome de nos mantermos presos ao passado, sobrevalorizando, uma de cada vez, as partes da nossa cadeia.

No *always on* da comunicação, o uso de dados é uma constante: primeiro, para extrair os insights que nos ajudarão no desenvolvimento das abordagens e dos projetos; depois, para mensurar os resultados em nome da sustentação da relação com o nosso cliente.

O que é um dado? Como já mencionei anteriormente, nada mais é que a reação de uma pessoa. Quando analisamos os dados de venda de um produto, estamos analisando quantas pessoas reagiram e compraram.

Quando analisamos os cliques de uma peça interativa, estamos contando quantas pessoas reagiram àquela comunicação e clicaram. Dessa forma, fica fácil perceber o quão importante é e continuará sendo a história, o conteúdo, a relevância daquilo que queremos contar.

Quanto mais criativa e envolvente a ação de comunicação, maior a chance de despertar uma reação do consumidor. Por isso o enunciado deste capítulo.

Quanto mais criativo, relevante e/ou impactante for um estímulo, mais dados positivos uma ação de comunicação irá colher.

Quanto mais envolvente é a experiência, mais o meio torna-se invisível. A plataforma tecnológica, entretanto, é onde se dá a comunicação e onde se geram os dados.

Tecnologia é commodity. Está aí para todo mundo. O uso que se faz dela é que sempre fará a diferença. Em uma entrevista em 2016, John Hegarty, fundador da BBH, resumiu assim: "tecnologia é oportunidade; criatividade é criação de valor".

Essa questão fica muito visível quando você se recorda de uma mensagem e não sabe dizer ao certo onde a leu ou assistiu. O meio era certo porque o encontrou na ocasião certa. Ou seja, uma mensagem será sempre superior ao meio.

CRIATIVIDADE A SERVIÇO DE RESULTADOS DE NEGÓCIOS

Nos últimos anos, estamos assistindo a um enorme interesse dos publicitários em empresas de tecnologia. As grandes estrelas passaram a ser as empresas do Vale do Silício. Antigamente, nosso Vale do Silício era a Madison Avenue. No entanto, é um erro pender para um lado do balanço esquecendo o outro. Empresas de publicidade incubam empresas de tecnologia, mas poucas empresas de publicidade estão incubando empresas de criatividade e conteúdo.

Sou fascinada por tecnologia, dados, tudo o que diz respeito a plataformas digitais, mas já há muitas empresas de ponta focadas nisso. Que empresa de ponta do nosso setor, no Brasil, está focada no desenvolvimento de argumentação, expressão, persuasão, emoção, sensação, criatividade, construção de marcas? Essa é a pergunta que devemos fazer.

> No "Vale do Silício" do nosso mercado, tecnologia tem de ser meio, não fim.

Comparativamente a outros negócios, podemos dizer que agência é uma mistura de arte e ciência que resulta em agências de diferentes temperamentos, como podemos exemplificar no confronto de ideias entre David Ogilvy e Bill Bernbach. Um falava sobre argumentação e pesquisa, e o outro sobre argumentação e arte. Quem tinha razão? Os dois.

Mas ambos tinham um único objetivo final, prestar um único e exclusivo serviço para os seus clientes: vender.

Vender mais e melhor. E antes que alguém pense que vender é só "transacionar", lembro que vender é argumentar. Construir marcas também é vender.

Diante disso, fico refletindo quando vejo publicitários "se vendendo" através de *features*, ferramentas, e não da velha e boa arte de vender.

Por tudo isso me sinto feliz por ter feito parte da história da BETC. Em setembro de 2016, estive em Paris para a inauguração do novo prédio da BETC Paris no distrito de Pantin. O que eu vi lá? Criatividade. Músicas sendo criadas, imagens sendo construídas, artistas da propaganda trabalhando. A BETC faz comunicação. Um conjunto das mais diferentes narrativas com um único objetivo: encantar e vender.

Portanto pergunto aos dirigentes do mercado publicitário: você já deve ter mandado seu pessoal para eventos de tecnologia, mas já se perguntou se eles conhecem o Museu do Louvre? Já perguntou que livros já leram? O que sabem da cultura pop no mundo? Devemos discutir tecnologia apenas ou processos de argumentação? Se seu pessoal for para a Califórnia, será que devem apenas ir ao Vale do Silício ou seria interessante também conhecerem algum roteirista de Hollywood também?

> Sou profissional de uma área cujo principal diferencial é — tem de ser — criar para vender.

Em uma corrida de Fórmula 1, por exemplo, excelentes profissionais dirigem ferramentas fantásticas. Mas o que faz um piloto chegar na frente dos outros e despertar nas pessoas a vontade de ver a corrida é sua destreza, sua inteligência, sua criatividade.

A criatividade e a inteligência movem o mundo, inclusive o da tecnologia. É marcante a frase que Alain de Botton disse em sua palestra no Festival de Cannes de 2011: "O homem adora o desconhecido". Também vale conferir a visão de um dos grandes gênios da humanidade, Albert Einstein, sobre o tema:

"Todas as religiões, artes e ciências são ramos de uma mesma árvore. Todas essas aspirações são dirigidas para enobrecer a vida do homem, surgindo na esfera da mera existência física e conduzindo o indivíduo para a liberdade.

Se no início a ideia não é absurda, então não há esperança para ela.

O mundo que fizemos, como resultado do nível de pensamento que temos tido até agora, cria problemas que não conseguimos resolver ao mesmo nível de pensamento em que os criamos.

O senso comum é a coleção de preconceitos adquiridos até os dezoito anos de idade.

A mera formulação de um problema é muitas vezes muito mais essencial do que a sua solução, a qual pode ser meramente uma questão de perícia matemática ou experimental. Levantar novas questões, novas possibilidades, considerar velhos problemas de um novo ângulo exige imaginação criativa e marca avanços reais na ciência.

Grandes espíritos sempre encontram violenta oposição de mentes medíocres.

Três regras de trabalho:

1. Fora da desordem, encontrar simplicidade.
2. A partir de discórdia, encontrar a harmonia.
3. No meio da dificuldade reside a oportunidade.

Tudo deve ser feito tão simples quanto possível, mas não o mais simples.

A coisa mais bela que podemos experimentar é o mistério. Ele é a fonte de toda verdadeira arte e ciência."

Salve a percepção e também a inteligência! Mas, acima de tudo, salve a criatividade! É ela que jamais devemos deixar de perseguir.

> Conteúdo continua sendo rei. Criatividade
> e dados são as duas faces de uma
> mesma moeda. Uma é o gatilho da outra.

A GESTÃO DE DADOS

Como em qualquer área de uma empresa, os profissionais de marketing sempre tiveram resultados como objetivo. Com a inserção da tecnologia no dia a dia da comunicação, a pressão por resultados se tornou ainda mais premente, auxiliada pela facilidade de acesso aos dados.

A gestão de dados começa pelo posicionamento da marca, pelo posicionamento do negócio e seus objetivos de curto, médio e longo prazo.

É um assunto do âmbito da estratégia e deve ser trabalhado como tal. Não pode ficar restrito ao âmbito do uso da tecnologia.

Tecnicamente, é preciso inicialmente esclarecer a diferença entre métricas e índice de sucesso ou KPI (*Key Performance Indicator*).

Métrica é a medida que vamos utilizar para gerenciar a performance de uma campanha, como: taxa de abandono do site; taxa de compartilhamento de mensagem; número de cadastros etc.

KPI é o número que aquela métrica nos ajudará a alcançar e que impacta diretamente o negócio, por exemplo: no caso de uma campanha de conversão, dobrar as vendas neste mês em relação ao mês anterior ou aumento do ticket médio; 25% mais engajamento que a campanha anterior; aumentar o número de cadastros na base de e-mails.

Estabelecidos os KPIs que usaremos para verificar o sucesso das iniciativas de comunicação para o negócio, vamos à aferição propriamente dita.

A gestão de dados envolve ter as tecnologias, o link com as propriedades a serem mensuradas (ex.: tagueamento correto), a gestão, a análise e, por fim, a validação, reforço ou redirecionamento da estratégia adotada.

São tantas as possibilidades de mensuração que muitas vezes confunde-se os KPIs que importam numa estratégia com aqueles que são operacionais, intermediários, utilizados para otimização das campanhas, os chamados KPIs de mídia.

Um dos KPIs de mídia mais requisitados é *viewability*, ou seja, o potencial estimado que um anúncio tem de ser visualizado pelo usuário. Ele é, na verdade, um mecanismo interno de acompanhamento da estratégia de mídia, pois pode lhe dar orientação sobre qual peça criativa está tendo melhor receptividade. As pessoas podem ver a peça, mas esta pode não estar gerando o número esperado. O mesmo acontece com o *Click--through Rate* — CTR. No caso de conversão direta em vendas, muitas vezes o usuário chega a clicar na peça, mas não efetiva uma compra de imediato.

Mas, lógico, uma peça com maior *viewability* significa uma peça com maior chance de CTR, e um índice maior de CTR significa mais chances de conversão.

Aferição de dados requer um conjunto de habilidades/ferramentas, processamento/inteligência.

Outro erro comum é quando se usa parâmetros nacionais de um segmento sem considerar aspectos regionais que envolvem o produto e/ou a marca.

Ao entrar num ambiente proprietário, aí começa outra etapa da comunicação, resumida na sigla UX — *User Experience*, que inclui outras variáveis: navegabilidade, arquitetura da informação, layout, entre outros, e que também deve ser monitorada para que cheguemos ao resultado desejado.

Por mais que a tecnologia nos proporcione um volume de processamento muito maior que a capacidade humana e a inteligência artificial possa nos poupar de constantes decisões operacionais, há um olhar baseado na experiência do gestor de marketing ou de comunicação que deve fazer a análise considerando o contexto cultural para tomada de decisões.

Assim precisamos de poucos KPIs, aqueles que realmente dizem respeito ao objetivo que a marca/negócio pretende alcançar naquele momento.

Proponho aos anunciantes e publicitários que revejam a lista de KPIs que estabelecem prioritariamente. Analisem se de 10 KPIs elencados não poderiam restar apenas 3 ou 4, aqueles que realmente mensurarão o que interessa: o êxito da estratégia.

Isso mostra que a gestão de dados é uma constante e depende claramente da orquestração entre formatos e conteúdos. Assim como no resto do mundo, o brasileiro é um consumidor de mídia multitela. Precisamos, portanto, considerar que cada tipo de *device* requer um formato em jeito próprio de contar uma história. Combinados, podemos explorar a jornada, atividades, momentos de consumo, estímulos para compras etc., e construir resultados de *awareness* e/ou de conversão.

CAPÍTULO 7

NOVAS RESPOSTAS PARA NOVOS PROFISSIONAIS E EMPRESAS DE COMUNICAÇÃO

Se levássemos em consideração apenas uma variável — a penetração do uso de celular — e o que ele transformou nas nossas vidas nos últimos anos, já seria o suficiente para concluirmos que nada poderia continuar como era antes.

Se todas as indústrias passaram por enormes transformações, por que justo a nossa não passaria?

Quando as pessoas me perguntam sobre o futuro da publicidade, muitas vezes estão querendo perguntar sobre o futuro das agências de publicidade. Não vamos confundir uma coisa com a outra. A publicidade, tal como ficou definida ao longo dos anos — formatos para divulgação de ideias em veículos de comunicação — ganhou novas fronteiras, assim como os players que criam e promovem essa comunicação também se diversificaram. Disso todo mundo já sabe.

Portanto, resta aos profissionais de comunicação continuar fazendo o que sabem fazer de melhor: encontrar insights verdadeiros, criar peças que movem as pessoas, ativam suas ações e, com isso, buscar resultados para as marcas para quem trabalha. Se isso vai ser feito no formato publicidade e se será dentro de estruturas chamadas agências ou não, é outra conversa.

A partir de agora, vou falar como vejo que uma agência pode encarar sua inevitável transformação, seja ela um Modelo Full Service — em que todas as disciplinas estão debaixo de um mesmo teto — ou um Modelo Dinâmico Integrado — aquele em que uma coalizão de empresas ou estruturas muito especializadas atuam juntas, coordenadas por uma inteligência criativa e estratégica central.

Os elementos do esquema básico da dialética — tese, antítese, síntese — nos ajudam a entender melhor as evoluções. A tese é uma afirmação ou um dado inicialmente colocado. A antítese surge como oposição à tese. Do conflito entre tese e antítese surge a síntese, situação nova que carrega elementos resultantes das duas vertentes anteriores — tese e antítese. A síntese, portanto, é uma nova tese que passará por um novo processo que pode ser infinito: poderá ser confrontada com uma nova antítese, gerando uma nova síntese, e por aí vai.

ESQUEMA DA DIALÉTICA DE HEGEL

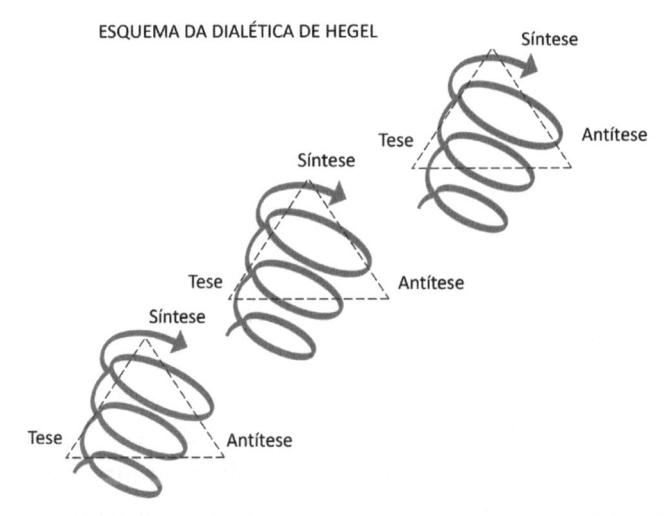

Figura 3: Triângulo da Dialética — tese, antítese e síntese

De acordo com Hegel, a dialética não deve interpretar uma realidade, mas simplesmente refleti-la.

A Dialética de Hegel se apoia em 4 conceitos básicos, nos quais vejo paralelo com o quadrado das oposições da Semiótica Greimasiana:

1. Tudo é finito e transitório. A história é feita de percursos narrativos que não têm duração predefinida e que estão em constante transformação.
2. Todas as coisas enfrentam contradições, conceitos e forças opositoras, que trazem a novas situações.
3. Mudanças podem gerar o caos, no sentido de que um novo ponto de vista desestrutura um ponto anteriormente estabelecido. Esta crise é natural. Mas a ideia é que essa crise leve a uma mudança positiva qualitativamente.
4. Tudo acontece em espiral. Há sobreposições de situações. Ou seja, neste percurso de evolução, podemos passar por conceitos preexistentes ou até mantê-los, ou seja, sem negá-los pura e simplesmente, mas evoluindo, levando a um passo adiante.

O modelo tradicional de agência no Brasil era fundamentado em uma tese: agência agenciava mídia tradicional. A antítese a esse modelo é de que se deveria abandonar os meios tradicionais e focar apenas nos meios digitais, o que também se provou incompleto. A síntese que derivou disso foi a de que tanto os meios tradicionais quanto os meios digitais têm o seu valor na cadeia da comunicação.

Esse modelo de atuação obviamente já vai ficando ultrapassado ao focar só na questão da mídia, e uma nova síntese vai se formando, pois consideramos como "mídia" não só as mídias pré-formatadas. Por fim, muitas ideias criativas se materializarão em soluções que nem sempre envolvem mídia, mas canais. Canais e pontos de contato em infinitos formatos, mesmo aqueles que têm seu valor como meios para os conteúdos.

Um dos desafios do modelo de negócios de hoje, portanto, é colocar preço no que não está nas tabelas.

No capítulo inicial deste livro os conceitos de gestão de marca foram expostos. Um deles alinha a promessa da marca com a estrutura, o modelo de remuneração e o discurso para o mercado.

Em 2014, quando o mundo já havia mudado, estávamos nos preparando para trazer ao Brasil a BETC, uma das agências mais criativas e bem-sucedidas do mundo. Naquele momento, uma das primeiras preocupações era a forma e a estruturação das áreas disciplinares, pois a BETC Paris, a nave-mãe, tinha um modelo vitorioso, mas muito diferente do modelo que temos no Brasil. Não seria possível replicá-lo aqui. No nosso país, a compra de mídia é atribuição das agências, o que considero ótimo, pois entendo que conteúdo e forma andam cada vez mais juntos, sobretudo nas plataformas digitais. Fora do Brasil, as empresas de mídia eram específicas, estando separadas das estruturas criativas, e a BETC tinha unidades muito especializadas como a BETC Shopper, a BETC Content, BETC Luxe, BETC Pop, BETC Pop Records (selo musical), BETC Design, BETC Digital, BETC Startup Lab.

Era preciso montar um modelo em que houvesse uma única visão de marca, mas a possibilidade de recrutar os melhores talentos da estrutura para a entrega de determinado job. Essa flexibilidade só funcionaria se conseguíssemos estabelecer um novo *mindset* para as equipes, diferente da estrutura linear que as agências tinham.

Assim procurei fazer com que as nomenclaturas dos cargos forçassem um novo *mindset*. E assim ficou:

Eu já tinha uma declarada implicância com a nomenclatura "atendimento" (conforme demonstram artigos publicados no jornal Meio&Mensagem em outubro de 2005 e fevereiro de 2006), e, com o tempo e com as mudanças na nossa atividade, o questionamento se estendeu a nomes de outras disciplinas como planejamento e mídia. Não é difícil entender o porquê. Essas nomenclaturas estão aquém do complexo trabalho que nossas equipes desenvolvem nos dias de hoje. Tais nomenclaturas são ultrapassadas e restritivas, além de nos remeterem ao processo linear de trabalho das agências tradicionais a que me referi antes.

Uma rápida recapitulação de como funcionavam as agências convencionais: primeiro, chegava o briefing através do atendimento. Depois, o planejamento levantava dados, procurava algo digno de ser destacado na comunicação, estudava os públicos e devolvia possíveis insights para a criação. A seguir, o trabalho ia para a criação, responsável pela parte "brilhante e criativa" do trabalho. Por fim, a mídia tinha pouquíssimo tempo para fazer um plano, que nem sempre casava com o custo de produção disponível para produzir as peças criadas. Isso quando a criação não mudava de ideia porque tinha achado algo melhor (quem não quer uma ideia melhor?), obrigando o pessoal da mídia a orçar tudo novamente, sem nenhuma contribuição estratégica para o trabalho.

Desnecessário dizer que esse processo tornou-se inadmissível. Todas as áreas têm uma contribuição estratégica a dar e devem participar do processo integradamente desde o início. Estamos numa era em que a comunicação passou a ser *always on*, quando entendemos que o mundo gira em 4D numa velocidade nunca antes vista ou experimentada pelo ser humano.

Um modelo inclui um processo de trabalho, e não há processo que não seja guiado por cultura. Cultura é *mindset* e ação.

Assim minha proposta foi que as principais áreas disciplinares tivessem como título as funções que seus profissionais vão exercer. Isso ajuda a estabelecer o *mindset* do trabalho desde o começo.

No lugar de Atendimento, propus **Marcas e Negócios:** está claro que quem trabalha nesta área tem de gerar negócios — para a marca e para a agência — sem jamais se distanciar do posicionamento ou do propósito da marca. E tudo aquilo que diz respeito ao posicionamento da marca e que pode virar negócio deve virar. Uma coisa é planejar a comunicação, outra é planejar ações. Um planejamento de comunicação tem um período maior: anual, semestral. Um plano de ações obedecerá a um plano de comunicação, mas deve acompanhar o ritmo das pessoas e da cultura cotidiana no qual as pessoas que curtem a marca estão inseridas. Se surgiu uma oportunidade de comunicar algo relevante para a marca ou de criar algo que impacte o negócio da marca, vamos fazê-la já.

No lugar de Planejamento, proponho **Estratégia e Análise:** partimos do princípio de que todas as áreas de uma agência têm seu momento de planejar. Profissionais desta área sabem que devem buscar os elementos diferenciadores, os diálogos que constroem valor para as marcas, colocando-as no espaço desejado. E que é impossível pensar em uma estratégia sem garimpagem, audição, análise e mensuração de dados.

No lugar de Mídia, proponho **Canais e Engajamento:** a missão aqui é achar os canais e pontos de contato para engajar pessoas ou públicos. Portanto, a partir do posicionamento da marca, que história vamos contar naquele ano, naquele projeto, naquele período, com que *targets* ele se relaciona e de que maneira, por fim, os canais mais adequados para atingir todos os perfis desejados, o que pode incluir também mídia (meios de comunicação pagos). Mídia paga é um tipo de canal. Não esqueçamos que PDV, eventos, intervenções em espaços públicos ou privados, tudo isso é canal.

No lugar de Criação apenas, proponho **Criação e Conteúdo:** não confundir criação com criatividade. A criatividade deve ser uma ambição de todas as áreas. A área de criação ganhou o complemento conteúdo, pois ações de *branded content*, repertórios de linguagem, as mais diferentes formas de expressões, formatos das mais diferentes naturezas, produtos, serviços, tudo isso será conteúdo da marca.

As áreas que apoiam essas disciplinas — e não menos importantes — são **Produção e Ativação, Pesquisa, Ferramentas de Mídia,** *Performance, Design e Motion,* **Redes Sociais e Operações.** Trata-se de pontes entre as principais áreas disciplinares, estando coladas a mais de uma delas, perfazendo assim uma grande colmeia na qual todas as áreas se tocam, se movem ganhando diferentes pesos a cada projeto e interagem o tempo todo.

No centro de todas essas áreas está a **Gestão de Dados.** Numa era em que o volume e a velocidade da informação são cada vez maiores, precisamos contar com a capacidade de processamento que a tecnologia nos traz para poder sistematizar os dados e dar a eles funções específicas no nosso ecossistema. Isso porque, como citamos anteriormente, o *big data* envolve estatística e aspectos atitudinais, com múltiplas segmentações.

A jornada do consumidor, por exemplo, inviabiliza separar os conteúdos que vamos propor para as marcas das plataformas onde esses conteúdos são aplicados, nos fazendo entender e mensurar seus movimentos. A área de **Gestão de Dados**, portanto, alimenta as demais áreas da agência — estratégia e análise, canais e engajamento, marcas e negócios, criação e conteúdo — e depois faz gestão dos resultados das campanhas e atividades de comunicação em modo contínuo (*always on*).

Um dos profissionais que essa área precisa hoje é o analista de dados. Não existe uma formação específica para esse profissional, assim como não há para o cientista de dados. Eles podem vir de diferentes áreas de conhecimento e escolher se formar no exercício dessas funções. Um cientista de dados tem por missão criar modelos lógicos para sistematizar, medir e analisar dados. O analista de dados deve olhar para esses dados através da sua experiência e conhecimento/experiência cultural.

Muitas empresas/agências costumam chamar a área de gestão de dados de *business intelligence*. Pessoalmente, discordo que BI seja uma área, ela é uma disciplina que deve ser exercida por várias áreas, não só a de gestão de dados, por exemplo, a área de Marcas&Negócios ou a área de Canais&Engajamento.

Não há, assim, uma estrutura vertical e linear, mas atividades conjuntas que ganham ou diminuem impacto de acordo com a natureza de cada projeto. Cada projeto recruta os profissionais com as melhores habilidades para resolvê-lo.

Voltando ao binômio criação e criatividade: uma agência não pode mais esperar que apenas o departamento de criação seja criativo. Esse é um erro estratégico, pois não levará a agência ao máximo do que ela pode criar e produzir. Todas as áreas disciplinares têm de se inspirar pela criatividade, extraindo valor da relação com os clientes nos mais diferentes níveis. A criatividade hoje se dá na forma de solução, não só no *combo* redação + direção de arte como antigamente.

Afinal, o que é criatividade? A definição mais simples diz que é "associar ideias criando um valor".

Assim, soluções criativas podem vir de qualquer área disciplinar: Criação&Conteúdo, tecnologia, estratégia, Marcas&Negócios, gestão de dados, Canais&Engajamento etc. A área de Criação&Conteúdo é aquela que vai materializar, representar, contar melhor aquela história. E hoje suas ferramentas estão muito além de redação + direção de arte. Os "criativos" mais valorizados hoje são aqueles que sabem contar histórias maravilhosas materializadas em qualquer formato ou tipo de narrativa através de qualquer tipo de ferramenta.

Não tenho dúvida de que os profissionais do "departamento de criação" das agências também preferem trabalhar em uma agência onde todos lutam pelas boas ideias e contribuem para que grandes trabalhos vão para a rua. E isso só é possível se todos tiverem esse *mindset* e entenderem a criatividade como um valor.

Gerar valor = Gerar receita

As agências atuavam em um modelo no qual um único tipo de receita precisava remunerar toda espécie de atividade. Sabendo que a diversidade de atividades aumentou muito, é preciso que o modelo de remuneração seja uma combinação de diferentes receitas alinhadas ao escopo desejado. Isso tem de ser transparente e é o único jeito de os clientes entenderem que precisam, cada vez mais, remunerar também a inteligência das agências. Essa inteligência, no modelo atual, é desejada e requerida em todas as áreas e atividades da agência tanto quanto a criatividade.

É bom lembrar que as agências não são todas iguais. Elas podem ter e têm diferentes temperamentos, e, consequentemente, diferentes formas de combinar disciplinas que resultam em fortalezas específicas.

Também não haverá mais um único modelo para as estruturas chamadas de agência. Poderá e deverá haver diferentes modelos, inclusive aqueles que resultam da mistura de diversos conceitos de operação e que não necessariamente estejam embaixo do mesmo teto.

Vejo como possibilidade cada vez maior uma coalizão de pequenas estruturas superespecializadas regidas por uma inteligência de marca e de negócios.

Acredito em outras formas de construção de marca que vão além da publicidade.

Como está mencionado em outros trechos deste livro, qualquer manifestação da marca comunica. Nós, publicitários e gestores de marca, temos de ter essa ambição.

Pensar a construção de uma marca através de CX — *Consumer Experience* (experiência do consumidor) é um caminho em que vejo cada vez mais possibilidades.

A partir do momento que entendemos que as verbas de mídia não podem mais remunerar sozinhas toda a cadeia de serviços que uma agência pode ter, fica mais fácil entender o que catalisou tal mudança: o consumidor está no poder, e ele quer as melhores experiências nas suas jornadas. Não apenas ser impactado por formatos publicitários.

Para desenvolver um pouco mais o assunto, exponho uma definição para CX, de acordo com a Forrester Research:

> *"O CX é definido quando consumidores percebem as interações com a sua marca/empresa. Uma boa expe-*

riência se caracteriza por entregar um novo valor que antes era ruim ou mal resolvido; é fácil perceber e usar este novo valor; toca uma emoção e as pessoas querem usar e querem se engajar com aquilo. Isso é absolutamente estratégico."

Vejo uma boa empresa com foco em CX como aquela que tem a capacidade de ter insights de marketing, entregar design e narrativas primorosas, e pensar serviços integrados para benefício do consumidor.

Estamos falando de qualquer narrativa ou manifestação que afeta diretamente a relação do consumidor com a empresa, impactando direta e positivamente o negócio do nosso cliente. Estamos falando do produto propriamente dito, do app de serviços, de percepção de preço, do logo, das embalagens, quaisquer serviços de atendimento etc.

O melhor de tudo é que o foco em CX permite mensurar mais claramente o impacto em relação ao negócio, porque normalmente estão diretamente ligadas a ele.

E existem formas de se fazer isso, alinhadas ao objetivo de cada empresa. Por exemplo, vamos pensar em dois tipos de clientes de conversão: um que baseia sua venda em receitas em recorrência, como assinaturas, outro que baseia sua receita em vendas individuais.

Uma empresa baseada em assinaturas se concentra normalmente em retenção, venda cruzada *(cross sell)* e vendas adicionais *(upsell)*, enquanto a de clientes individuais busca o retorno do cliente e a manutenção de um determinado ticket. Quem são esses clientes? Por que um usa o modelo de assinatura e o outro faz compras individuais? Qual a percepção que ele tem da nossa marca/produto/serviço? O que podemos melhorar na experiência que oferecemos a ele para que nos tornemos companheiros fiéis?

Sob uma visão de CX, o estudo constante de dados tem total relevância. Se tivermos uma boa base de dados, conseguindo ouvir o feedback dos clientes e acompanhar seu histórico de uso, será possível desenhar modelos estatísticos que vão indicar um nível razoável de projeções de vendas, a partir das variáveis quantitativas e qualitativas. Mas não é só isso: compreendendo quem são os tipos de consumidores, devemos ir buscar mais conhecimento sobre eles em outras fontes e criar correlações.

Mas, de toda forma, é o que sempre repito: quer dados incríveis? Ofereça experiências incríveis. Dados são reações de pessoas. Ofereça experiências livres de qualquer atrito, fazendo com que o cliente espontaneamente elogie e compartilhe.

Tenho ambição para as marcas dos meus clientes.

A TRANSFORMAÇÃO DAS EMPRESAS POR MEIO DE PESSOAS

Embora a BETC São Paulo tenha tido a oportunidade de ser uma *startup* em um momento de mercado totalmente renovado, pude vivenciar em outras agências a necessidade de atualização de modelo. No caso da F.biz, o desafio era ajudar a transformar uma agência com excelência em disciplinas digitais como performance, tecnologia, *analytics* em uma agência para "a era digital", na qual as competências de Estratégia e Criatividade deveriam se aliar às primeiras a fim de complementar seu escopo de trabalho e atingir a completude de visão que o mercado já exigia.

É muito comum que, em debates e palestras, eu seja questionada sobre como fazer a transformação de um modelo tradicional para um modelo alinhado à era digital. Com base na minha experiência, posso compartilhar alguns passos que servem para diversos tipos de agência, qualquer uma que deseje fazer essa atualização.

Ao falarmos em "transformação da indústria", a primeira coisa a ser feita é lembrar por que essa indústria está se transformando. Pela mesma razão que todas as outras: porque o consumidor se transformou.

Em uma passagem do livro *O Futuro da Competição*, C.K. Prahalad exemplifica por que empresas têm dificuldades em acompanhar as mudanças impostas pelos consumidores na mesma velocidade que estes. É muito simples: empresas normalmente são orientadas por processos e custos, e pessoas por experiências e emoções. Como conciliar orientações tão diferentes? É por isso que uma das características das empresas inovadoras é a de se antecipar à expectativa do cliente. É nesse momento que elas conseguem colocar em prática valores surgidos de uma experiência.

Uma transformação necessitará de processo. Mas esse processo não se sustentará se não estiver embasado numa cultura.

A cultura faz o processo. Ela precisa existir antes do processo, o que significa dizer que uma transformação real e duradoura ocorrerá somente se houver, antes de mais nada, uma mudança de *mindset* na empresa. É o *mindset* que sutenta a cultura, e, consequentemente, formará os rituais e processos que a tornarão real.

Transformação é uma estrada longa e terá seus momentos de excitação e engajamento, de contradições e reflexões. Transformação é a modificação de uma promessa, e por isso não é uma tarefa simples, nem rápida. Até que todos os colaboradores da empresa entendam que é preciso se desapegar do passado — mesmo daquilo que deu ou vem dando certo —, é preciso esforço, atenção, controle.

Cultura vem de cultivo, o que demanda um exercício diário de semeadura e de cuidados. Esse assunto foi abordado no capítulo sobre *branding*.

Voltemos à transformação "digital". Antes de mais nada, lembremos que o foco dessa transformação é melhorar a experiência geral do cliente. Se nosso objetivo é adquirir e reter clientes, é preciso ter em mente que entender e ativar redes sociais, apps, sites, bem como fazer análises profundas e constantes de cenários e dados são atividades indispensáveis.

A partir da redefinição da promessa, pessoas, processos e produtos/serviços e dados são as palavras que devem repetir-se para engajar os times na jornada da transformação.

Aqui estão cinco dicas que ajudarão a transformação em sua agência, tendo em primeiro lugar seu principal ativo: pessoas.

1. VISÃO DO FUTURO

    Como já abordado no capítulo sobre *branding*, estratégia é uma dimensão do espaço. No futuro, qual espaço a nossa atividade vai ocupar? As agências pouco ou nada se transformaram de quando surgiram até os anos 2010, mas dessa década para a frente, a necessidade de mudar foi inevitável para quem pretende continuar no jogo.

    Se você tem uma história de sucesso, compartilhe-a, mostre como sua própria transformação o ajudou na sua carreira. Esse exemplo é necessário para que as pessoas que você liderará saibam que valerá a pena trabalhar duro e alcançar algo novo para suas carreiras.

    Mostre a elas que as coisas têm hora para acontecer e que se há uma oportunidade de transformação incentivada pelo mercado, pelos clientes, ela precisa ser agarrada. Faça um movimento em fases e comemore cada uma delas como necessária para o passo seguinte.

Se você é o líder dessa transformação, ocupando um cargo de CEO, presidente, VP executivo, COO, enfim, qualquer cargo que lhe traga essa responsabilidade, lembre-se de que sua visão deve ser filosófico-pragmática. Você é responsável por estabelecer e manter clara a filosofia que a empresa deve seguir (filosofia = promessa), mas é sua obrigação também prover os meios para que ela se torne real: aterrissar a promessa em questões pragmáticas — estrutura, equipes, processos, recursos — é essencial para o sucesso do seu projeto.

2. FOMENTE AS LIDERANÇAS E O ESPÍRITO DE EQUIPE

Precisamos de pessoas para nos ajudar a pensar e executar.

Tente criar uma cultura de performance alinhada ao propósito, deixando bastante claro o que vai ser a base da avaliação das pessoas no momento dos feedbacks formais e também no dia a dia.

Dedique tempo para desenvolver seus futuros líderes, estimular suas habilidades, e, quando necessário, ter a coragem de realizar conversas difíceis com aqueles que não conseguirão entregar o que é necessário para alcançar a liderança.

A liderança não pode ser um cargo. É um espírito, uma atitude. Ela não é imposta, é conquistada. Portanto, não distribua cargos sem que o profissional esteja pronto para assumi-lo. Equívocos fatalmente recairão sobre você, trazendo prejuízos de tempo e dinheiro, além do prejuízo emocional para os envolvidos e para os times de um modo geral.

Na era digital, a colaboração é vital para a entrega de um bom trabalho. As atividades não são lineares, nem acontecem em silos, como eram os antigos departamentos de agências. Quanto mais integradas forem as equipes disciplinares, mais chances de sucesso elas terão. As equipes precisam estar focadas nos mesmos objetivos e devem ter as mesmas métricas de sucesso.

3. ESTABELECER NOVOS PROCESSOS E IMPLEMENTÁ-LOS RAPIDAMENTE

Uma parte significativa da transformação envolve a mudança de processo, mas lembre-se: antes disso, é preciso envolver as pessoas em um novo *mindset* em torno de um novo propósito e de uma nova promessa.

Uma série de controles deve ser feita para que a transformação se mantenha nos trilhos. Eles ajudarão também a identificar o que ainda não está funcionando corretamente.

Veja no esquema da página ao lado que mostra os itens que compõem uma estratégia. Se algum deles estiver faltando, ocorrerão barreiras à sua implementação.

Relembre a todo momento que a tecnologia já impactou significativamente todas as indústrias, por isso temos de nos desapegar do passado e estar abertos a nos adaptarmos para atingir novos objetivos, e isso exige uma forma diferente de pensar e atuar.

Para que nossa estratégia como prestador de serviço fique de pé, é preciso que nossos clientes também desejem um novo jeito de atuar.

Aqui estão algumas perguntas que devemos nos fazer a todo momento:

- Quais são os problemas do cliente? Peça a ele que exponha um problema e evite que ele lhe peça um formato ou uma solução já desenhada.
- Como vamos capturar e medir os feedbacks e insights para o nosso trabalho?
- Como os projetos são priorizados, monitorados, e por quem?

ITENS QUE COMPÕEM A IMPLEMENTAÇÃO DE UMA ESTRATÉGIA

PROPÓSITO	METAS	PLANO DE AÇÃO	COMPETÊNCIAS	RECURSOS	INCENTIVOS	INFORMAÇÃO	CONTROLE	RESULTADO
PROPÓSITO	METAS	PLANO DE AÇÃO	COMPETÊNCIAS	RECURSOS	INCENTIVOS	INFORMAÇÃO	CONTROLE	Estratégia implementada
	METAS	PLANO DE AÇÃO	COMPETÊNCIAS	RECURSOS	INCENTIVOS	INFORMAÇÃO	CONTROLE	Sustentação do negócio comprometida
PROPÓSITO		PLANO DE AÇÃO	COMPETÊNCIAS	RECURSOS	INCENTIVOS	INFORMAÇÃO	CONTROLE	Promessa comprometida
PROPÓSITO	METAS		COMPETÊNCIAS	RECURSOS	INCENTIVOS	INFORMAÇÃO	CONTROLE	Execução comprometida
PROPÓSITO	METAS	PLANO DE AÇÃO		RECURSOS	INCENTIVOS	INFORMAÇÃO	CONTROLE	Insegurança
PROPÓSITO	METAS	PLANO DE AÇÃO	COMPETÊNCIAS		INCENTIVOS	INFORMAÇÃO	CONTROLE	Frustração
PROPÓSITO	METAS	PLANO DE AÇÃO	COMPETÊNCIAS	RECURSOS		INFORMAÇÃO	CONTROLE	Transformação limitada
PROPÓSITO	METAS	PLANO DE AÇÃO	COMPETÊNCIAS	RECURSOS	INCENTIVOS		CONTROLE	Erros
PROPÓSITO	METAS	PLANO DE AÇÃO	COMPETÊNCIAS	RECURSOS	INCENTIVOS	INFORMAÇÃO		Perdas

- Quais os *skill sets* e *toolsets* que exigiremos de cada área disciplinar?
- Que tipo de atividade é necessário adicionar às nossas atividades passadas? Como essas atividades vão integrar e qual é o resultado esperado?
- Como nossos processos farão com que as áreas trabalhem em coordenação para atribuir valor a um projeto 100% integrado com início, meio e fim?
- As equipes estão abertas a tentar, falhar e aprender com os erros?
- Como vamos gerar e sustentar uma cultura de inovação?

4. ACOMPANHAMENTO

Coletar e analisar dados é fundamental para manter as equipes responsáveis pelo sucesso das transformações e para monitorá-lo.

Os resultados para os clientes e para a agência são a medida do sucesso. Por isso devemos estabelecer os indicadores de sucesso (KPIs) desde o início. Estabelecer KPIs — poucos e claros — é uma excelente oportunidade para as empresas se organizarem em torno do que realmente interessa, sem distrações ou desvios paralelos. Não adianta ter grandes ideias apenas; é preciso atribuir a mesma importância ao poder de executá-la.

"O que estamos fazendo com nosso objetivo? Nos ajudará a alcançar o espaço que desejamos? No final, atingiremos os KPIs que estabelecemos?". Essas são perguntas de acompanhamento que devem ser feitas constantemente.

5. PRAZO, ESCOPO E VERBA

Prazo, escopo e verba. Estas são as variáveis com que podemos trabalhar. Escolhe-se uma e ajusta-se as outras duas a partir da definição da escolhida.

Para exemplificar este tema, vou usar uma demanda recorrente: estratégia *omnichannel*. Navegando pela vida, as pessoas consomem os mais diferentes meios em quaisquer lugares. Contudo, conseguir oferecer ao cliente uma estratégia realmente *omnichannel* depende de algum investimento. Se o investimento é a questão, então o escopo obedecerá a uma verba e a um prazo. Se escolhemos começar pela definição do escopo, então são a verba e o prazo que serão desenvolvidos a partir dele.

O acordo a respeito de qual variável vamos escolher para começar um trabalho é fundamental para o desenvolvimento adequado do início ao fim.

Só uma coisa não pode ser uma variável: a qualidade.

REFLEXÕES PARA OS DIRIGENTES DAS EMPRESAS E PROFISSIONAIS DE MARKETING:

1) Sobre a abertura a uma revisão estratégica

No Capítulo 2, sobre Estratégia e Planejamento, comentei sobre o planejamento por estratégia versus o planejamento por processos e custos.

Nosso trabalho parte da estratégia da marca, por isso trago o exemplo da U Theory promovida pelo Professor Otto Scharmer do MIT (Massachusetts Institute of Technology). A U Theory é um dos métodos mais claros de reposicionamento estratégico para uma empresa.

No blog do Professor Scharmer (www.ottoscharmer.com) encontramos a seguinte explicação:

> *"Quando os líderes desenvolvem a capacidade de aproximar-se dessa fonte, eles experimentam o futuro como se estivessem "querendo nascer" — uma experiência chamada "presença". Essa experiência muitas vezes traz consigo*

U THEORY

NÍVEL 1: HABITUAL

DOWNLOADING
JULGAMENTOS, PADRÕES DO PASSADO

SUSPENDING
OBSERVANDO, VENDO COM NOVOS OLHOS

CABEÇA ABERTA

NÍVEL 2: DE FORA

REDIRECTING
SENTINDO, NOTANDO DIFERENÇAS

CORAÇÃO ABERTO

NÍVEL 3: DE DENTRO

LETTING GO
DESAPEGANDO, DEIXANDO IR

VONTADE ABERTA

NÍVEL 4: DA FONTE

PRESENCING
CONECTANDO COM A FONTE DE INSPIRAÇÃO

LETTING COME
DEIXANDO VIR

ENACTING
CRISTALIZANDO VISÃO E INTENÇÃO

EMBODYING
PROTOTIPANDO O NOVO. CONECTANDO CABEÇA, CORAÇÃO E MÃOS

PERFORMING
ATUANDO A PARTIR DO TODO

QUEM É O MEU SELF? / QUAL O MEU TRABALHO?

ideias para enfrentar desafios e para criar um futuro impossível. A Teoria U mostra como essa capacidade de presenciar pode ser desenvolvida. Presenciar é uma jornada com cinco movimentos: como o diagrama ilustra, nós nos movemos para baixo de um lado do U (conectando-nos ao mundo que está fora de nossa bolha institucional) até o fundo do U (conectando-nos ao mundo que emerge de dentro) e até o outro lado do U (trazendo o novo para o mundo). Nessa jornada, no fundo do U, está um portão interior que nos obriga a abandonar tudo o que não é essencial. Este processo de deixar ir (de nosso ego velho e self) e de deixar vir (nossa possibilidade mais elevada futura: nosso self) estabelece uma conexão sutil com uma fonte mais profunda de saber. A essência de presenciar é que esses dois eus — nosso eu atual e nosso melhor futuro Auto — se encontram no fundo do U e começam a ouvir e ressoar uns com os outros. Uma vez que um grupo cruza esse limiar, nada permanece o mesmo. Os membros individuais e o grupo como um todo começam a operar com um nível elevado de energia e senso de possibilidade futura. Muitas vezes eles então começam a funcionar como um veículo intencional para um futuro emergente."

As explicações do Dr. Scharmer nos mostram as atitudes e as decisões que a liderança da empresa precisa tomar para atingir a transformação com sucesso.

A jornada ao longo do U desenvolve sete capacidades essenciais de liderança:

1. **ASSEGURANDO O ESPAÇO DE OUVIR**

    A capacidade fundamental do U está em escutar. Ouvir os outros. Ouvir a si mesmo. E ouvir o que emerge do coletivo. A escuta eficaz requer a criação de espaços abertos nos quais outros podem contribuir para o todo.

2. OBSERVAÇÃO

A capacidade de suspender a "voz do julgamento" é fundamental para que passemos da projeção à observação verdadeira.

3. DETECÇÃO

A preparação para a experiência no fundo do U — *presencing* — requer o ajuste de três instrumentos: a mente aberta, o coração aberto e a vontade aberta. Esse processo de abertura não é passivo, mas uma "sensação" ativa em conjunto. Enquanto um coração aberto nos permite ver uma situação do todo, a vontade aberta nos permite começar a agir a partir do todo emergente.

4. PRESENÇA

A capacidade de conectar-se à fonte mais profunda do eu e da vontade permite que o futuro surja do todo e não de uma parte menor ou de um grupo de interesses especiais.

5. CRISTALIZAÇÃO

Quando um pequeno grupo de pessoas-chave se compromete com o propósito e os resultados de um projeto, o poder de sua intenção cria um campo de energia que atrai pessoas, oportunidades e recursos que fazem as coisas acontecer. Esse núcleo funciona como um veículo para o todo se manifestar.

6. PROTOTIPAGEM

Mover-se para baixo do lado esquerdo do U requer que o grupo se abra e trate da resistência do pensamento, da emoção e da vontade. Mover-se para o lado direito requer a integração de pensamento, sentimento e vontade no contexto de aplicações práticas e aprender fazendo.

7. EXECUÇÃO

Um violinista proeminente disse uma vez que não poderia simplesmente tocar seu violino na catedral de Chartres. Ele teve de "tocar" todo o espaço, o que ele chamou de "violino macro", a fim de fazer justiça tanto ao espaço quanto à música. Da mesma forma, as organizações precisam considerar esse nível macro: reunir os conjuntos de jogadores certos (pessoas de primeira linha que estão conectadas por meio da mesma cadeia de valor) e engajar uma tecnologia social que permita, a uma reunião *multi-stakeholder*, mudar do debate à cocriação do novo.

2) Sobre a ilusão de poder controlar tudo o tempo todo

Aferir dados não é suficiente. É preciso atuar sobre eles. Não podemos correr o risco de que o acesso aos dados crie uma geração de gestores de marketing inseguros que os usem como muleta a cada pequena movimentação.

Dados analisados por pessoas inexperientes podem trazer um risco à assertividade nas decisões. Independentemente dos dados disponíveis, os profissionais de marketing precisam investir na sua formação como profissional e também contar com a sua experiência. Isso significa ter conhecimento histórico da marca, do segmento em que ela se insere e do mercado como um todo. Significa ter a capacidade de vislumbrar movimentos, elaborar hipóteses de como os dados irão impactar movimentos próximos e futuros.

O profissional inseguro vicia-se em consultar os dados, mas não tem a capacidade de fazer a análise e a interpretação de contexto.

A abundância de dados assusta pessoas com esse perfil. Que dados de determinado contexto e com determinado objetivo realmente importam ser analisados?

Resumindo: a capacidade de processamento da tecnologia que é infinitamente superior à capacidade humana, assim como a inteligência artificial que nos poupa de muitas decisões operacionais são uma das belezas desta era. Porém, nada substituirá o talento humano, o livre-arbítrio, a capacidade de discutir e criar.

Seja como for, empresas de quaisquer segmentos deveriam aspirar:

- Ter objetivos consistentes: às vezes, uma empresa não é líder de mercado, mas é líder em imagem. Isso significa valor. Quem quer ser líder de alguma coisa sabe que será copiado e poderá até orientar o mercado através dos seus movimentos;
- Saber adaptar-se: reações rápidas, facilidade em lançamento de novos produtos/serviços, pilotos de inovação. Essas iniciativas tenderão a ter mais sucesso se a marca tem um posicionamento forte, confiável, um relacionamento de confiança com seu consumidor e criou mentalidade e recursos operacionais para isso;
- Sempre valorizar a "digitalização" como forma de distribuir e integrar informações que permitirão engajar rapidamente equipes multidisciplinares;
- Manter todos os *stakeholders* sempre alinhados ao propósito da marca, mostrando como a direção se reverte em resultados. Os investidores quererão lucros, os funcionários quererão bem-estar e recompensas;
- Manter um pé no garantido e um pé no crescimento. Toda empresa deve entender que uma parte dedicada a garantir seu território, seu *market share* e todas as ações em torno disso sejam internas ou externas (como aquisições e parceiras, por exemplo). Mas não deve negligenciar o conhecimento instalado na empresa e deve estar sempre criando e inovando. Uma empresa que não inova fatalmente perderá tamanho. A Coca-Cola é uma empresa que faz isso muito bem no âmbito da comunicação, já que ela

tem um único carro-chefe que os consumidores não querem que mude. Ela trabalha com a famosa fórmula 70/20/10: 70% (NOW) do dinheiro investido é para garantir seu território, o *mainstream* e tem KPIs conhecidos; 20% (NEW) são investidos em ações novas com alguma escala e algum grau de mensuração; 10% (NEXT) são totalmente direcionados para inovação, inicialmente com baixa escala ou em mercados específicos, e podem até não ter KPIs por não haver antecedentes. Inovação deve ser um experimento com retornos desconhecidos. Óbvio que haverá riscos, mas uma gestão experiente saberá calcular os riscos que não prejudicarão o todo.

O mesmo princípio pode ser aplicado a uma estratégia empresarial como um todo, envolvendo área de produtos, serviços, manufatura, Pesquisa&Desenvolvimento etc.

- Investir em talentos. Esta é uma verdade para qualquer segmento de negócios. E quanto mais diversificado for o time em idade, origens geográficas, condição socioeconômica, formação, interesses etc., mais o time estará capacitado para criar e inovar, que são tarefas cada vez mais demandadas mesmo para questões *mainstream*. Os *short movings*, pequenos movimentos para ajustes e adaptações do dia a dia também dependem de criatividade para pensar rápido na solução e implementá-la.

As empresas não podem ter medo da palavra inovação, pois ela é essencial para que o mundo ande para a frente. O mundo é uma sucessão de inovações. Por conta desse medo é que muitas empresas estabelecidas fazem apenas inovações incrementais — porque não querem comprometer o que está em escala. E as inovações disruptivas surgem normalmente das *startups*. O risco disso para companhias estabelecidas é que algumas *startups* podem chegar com algo disruptivo que mude as regras de um mercado tornando outras companhias obsoletas. Por outro lado, somente quando as *startups* conseguem escalar — *scale up* — é elas vão começar a colher os resultados.

Para encerrar este capítulo, volto a falar sobre talentos através de frases de dois gestores sempre atuais.

A primeira pessoa é Sheryl Sandberg, COO do Facebook: "Motivação vem por trabalhar em coisas com as quais a gente se importa. Vem também por trabalhar com pessoas com quem a gente se importa".

A segunda é Jack Welch, lendário dirigente da GE — General Electric. Perguntado numa entrevista como fazia para manter seus talentos motivados, ele respondeu: "Três coisas são fundamentais: desafiar, celebrar, remunerar".

Ele é também autor da famosa frase "meu principal ativo sobe o elevador toda manhã e desce o elevador toda noite".

CONCLUSÃO

> Não vamos discutir o futuro da tecnologia, mas o futuro dos homens.

Hoje, e creio que continue assim por algum tempo, vemos a comunicação apoiada na comunicação em redes, no uso de mobile, no intensivo uso de dados e em mecanismos de inteligência artificial. Quanto às narrativas, apoiada em questões humanas, próximas, relevantes para cada indivíduo, tribo ou para a coletividade, cada um de uma maneira diferente.

Vimos também que aqui no Brasil haverá uma grande mudança em relação às faixas etárias. Gerações mais novas e mais velhas estarão convivendo no mercado de trabalho. Colherá grandes resultados a empresa que tiver uma cultura que valorize a diversidade, não só etária, mas de gênero, raça e tantas outras.

Vimos que é necessário desapegar do passado — o mundo mudou para todos. Instaurar um novo *mindset* é o caminho, antes de pensar em ferramentas. É a mentalidade que vai definir habilidades e ferramentas necessárias.

Não é sustentável querer sobrepor o processo à cultura. É a cultura que define um processo.

Saber combinar disciplinas é fundamental. Será um grande motor de geração de valor nos processos.

Vemos que, com tanta tecnologia disponível, com tantas pegadas digitais que deixamos gerando dados, com tanta facilidade de troca de informações, a ética, a inteligência, o livre-arbítrio, a regulação de mercado, a legislação, tudo isso passará a ter muito mais importância. É aí que estará a fortaleza das relações, dos mercados e da sociedade.

Boas experiências de marca serão cada vez mais o fio condutor das relações entre empresas/marcas (sejam privadas sejam públicas) e pessoas.

Quanto às empresas: estas devem focar em eliminar os atritos, não negligenciá-los. Tudo que fazemos é para as pessoas. Temos de simplificar nossas vidas para ter tempo de vivê-la com mais proveito. Devemos melhorar o que já existe tornando tudo ainda mais fácil, antes mesmo de querer apenas criar coisas novas. E sempre há muito o que fazer. Reduzir atritos tem a ver não só com interfaces mais simples e amigáveis, mas com os discursos que as suportam, que devem ser pautados pela transparência, pela facilidade de entendimento e por uma clara proposta de valor.

Para conseguir existir e crescer ao mesmo tempo, uma empresa tem de trabalhar em fatias: diferentes equipes, com diferentes metas em diferentes prazos, mas unidos por um único propósito/objetivo.

TEXTO FINAL

Desejo aos meus colegas de mercado o mesmo que desejo para mim: que tenham tanto trabalho quanto as formigas, que possam cantar como as cigarras e fazer a diferença como as abelhas.

ADENDOS

1) Por que a Publicidade deve se importar com a Igualdade de Gêneros?

Antes de mais nada, gostaria de assumir que só tomei consciência da importância desse tema em 2010, quando me tornei CEO da F.biz. Naquela época, por ser uma CEO mulher, comecei a ser convidada para participar de diversos fóruns e grupos de lideranças femininas.

Até então, eu encarava com tédio todas as vezes que algum ou alguma jornalista me convidava para pautas sobre "empoderamento feminino", Dia Internacional da Mulher e afins.

Era pura ignorância. Como tive a sorte de não ter sofrido preconceitos abertamente, o assunto não parecia tão grave pra mim.

Em entrevistas que dei e textos publicados que escrevi, cheguei a dizer que nunca sofri preconceito por ser mulher. De fato, nunca fui afrontada ou recebi palavras desagradáveis diretamente na minha cara. Pelo contrário, quando ambientes como o do mercado de cervejas era majoritariamente masculino — hoje não é mais —, eu já cuidava da gestão da maior conta de cerveja do país. Isso contribuía para que eu não percebesse o que se passava fora do meu pequeno círculo.

Mas hoje, olhando para trás, consigo me lembrar de algumas atitudes veladas presentes no meu dia a dia que eram um preconceito disfarçado e que eu, ingenuamente, não entendia.

Não me envergonho de falar sobre a ignorância que tinha. Envergonharia-me se ainda continuasse nela. Falar sobre ela é tentar chamar a atenção das pessoas que ainda não vislumbraram o tamanho do problema.

Que bom que hoje esse tema é muito debatido, discutido e revelado. Somente quando se joga luz sobre um assunto é possível começar uma transformação real.

Assim, ao participar desses grupos, ler dados e conhecer realidades diferentes da minha, entendi o tamanho do problema no Brasil e no mundo. Um verdadeiro descortinar para uma realidade muito dura e difícil de mudar sem a consciência de todos, não só das mulheres. Questões culturais não são simples de mudar. É preciso entendimento e persistência. Como já repeti várias vezes neste livro, cultura é cultivo. É preciso tempo.

O mercado vem mudando ao longo do tempo. O ideal de competitividade que se tinha no passado — em que para mostrar comprometimento era preciso disputar palmo a palmo, agressivamente, virar noites, ver quem produziu quantidade — é um ideal muito masculino. Com o aumento da valorização da produtividade, os profissionais foram mais e mais sendo moldados pelos resultados, o que deu oportunidade para que as mulheres também fossem alcançando melhores resultados nas avaliações, comparativamente aos homens.

Em seu livro *Lean In* (*Faça Acontecer*, 2013), Sheryl Sandberg, COO do Facebook, discorre sobre as muitas questões que envolvem o empoderamento feminino e convoca as mulheres a uma nova atitude. No caso das executivas de empresas, ela fala sobre a necessidade de elas ocuparem suas posições nas salas de reunião, não se deixarem interromper e levarem adiante suas ideias.

Em maio de 2015, o Meio&Mensagem (edição 1.661) publicou o artigo que escrevi falando sobre o assunto. As discussões em torno do tema começavam a ganhar notoriedade naquele momento devido ao discurso que Patricia Arquette fez na cerimônia do Oscar ao receber a estatueta de melhor coadjuvante pela atuação em *Boyhood* e pedir igualdade de salários entre os gêneros.

O artigo procura elencar algumas práticas de quem se compromete seriamente com os princípios da igualdade de gêneros:

- *Homens e mulheres devem ter os mesmos direitos. Isso não significa que homens e mulheres são iguais. São muito diferentes, e por isso mesmo ganha-se tanto quando ambos se somam em um ambiente profissional. O que quero propor, portanto, é que se valorize a ambivalência. Valores diferentes que se unem e se complementam por algo maior.*
- *Se eu pudesse resumir em uma única frase o que queremos, seria "eliminar o pré-conceito". Assim mesmo, com hífen. Segundo definições filosóficas, preconceito é algo íntimo, individual, e que provavelmente não será superado com o tempo. O pré-conceito é construído a partir de uma cultura e pode ser modificado pelo conhecimento, por dados, pois trata de conceitos que podem sofrer transformações.*
- *Um pré-conceito bastante conhecido é o que diz que a maternidade atrapalha as mulheres. Isto é digno de risadas. Essa mulher, a mãe, tem o papel importantíssimo de dar educação básica às pessoas que um dia estarão no mercado de trabalho, sentadas aí ao seu lado.*
- *Se a mulher opta por não continuar uma carreira após a maternidade, essa é uma decisão dela. Se ela pretende prosseguir na carreira, dependerá de empresas que deem condições para que assim o seja. Se essa mulher é talentosa e dedicada, por que desestimulá-la? Ao contrário, vamos estimulá-la com o reconhecimento adequado.*

- Ter mulheres no topo das empresas é muito importante para que se desenvolvam políticas e práticas de igualdade adequadas. Muitas delas são muito simples e ajudam a formar cultura. Vejam alguns exemplos: isonomia salarial para pessoas com mesmo cargo/função e tempo de casa; recrutar o mesmo número de entrevistados para vagas por gênero; garantir o mesmo direito de competir por promoções; proporcionar uma adaptação do horário de trabalho no fim da gravidez; valorizar a figura do pai do recém-nascido; posicionar-se claramente contra atitudes e comentários sexistas.

Mas, afinal, por que é importante que nós, publicitários, abracemos esta causa?

- Nós trabalhamos com modelos de *target* que vêm se transformando, tanto o feminino quanto o masculino. Ao espelhar modelos atuais, a publicidade contribui com a sociedade, pois espelham uma evolução. Se espelhar modelos ultrapassados, acabará prestando um desserviço à sociedade;
- Empresas onde há diversidade têm um ambiente mais justo, mais tolerante e mais criativo (McKinsey, 2015 — Why Diversity Matters);
- **85% do poder de decisão de compra no mundo está nas mãos das mulheres** (Greenfield Online for Arnold's Women — Insight Team, 2016);
- **Empresas com mais mulheres em *C-Level* têm melhor performance que aquelas que só têm homens** (Grant Thornton Report, 2016 — Women in Business: The Value of Diversity);
- **Empresas com no mínimo 30% de mulheres executivas têm lucros até 6% maiores** (Peterson Institute for International Economics, 2016. — Is Gender Diversity Profitable? Evidence from a Global Survey).

Outros dados que mostram que a desigualdade de gênero precisa ser combatida:

Fortune 500: Apenas 6,4% dos CEOs são mulheres nos Estados Unidos. No Brasil, neste mesmo ranking, são 11%.

McKinsey: Se houvesse igualdade de gêneros, o mundo ganharia cerca de U$ 12 tri a mais até 2025.

ONU: Estima-se que haja igualdade entre homens e mulheres por volta do ano 2120.

E temos de ter consciência dos dados brasileiros: as mulheres já representam 40% dos chefes de família no nosso país; são 51,5% dos empreendedores; representam o maior contingente de diplomas universitários do país; são responsáveis por 66% da decisão de consumo. Diante desses números, por que aceitar que o salário da mulher seja, na média nacional, 22% mais baixo que os salários dos homens na mesma função? Regionalmente, as diferenças são ainda mais gritantes.

Já que conhecemos os dados tão alarmantes, vamos lutar para mudá-los o quanto antes.

Não há razão para que, numa era de conhecimento compartilhado e transparência, continue havendo esse tipo de preconceito.

Não deveríamos mais viver em um mundo em que a tecnologia é avançada e a mentalidade, ultrapassada.

Quem luta por uma causa está sempre buscando meios de torná-la visível e conquistar engajamento, a fim de mudar uma realidade. Tenho orgulho de ter participado do desenvolvimento do Woman Interrupted App (App Mulheres Interrompidas), com um talentoso time de profissionais da BETC São Paulo.

A ideia do app era ir além de jogar luz sobre o problema, mas também oferecer uma ferramenta de alta precisão contra um problema recorrente em salas de reunião de todo o mundo: o manterrupting. Entre os diversos fenômenos que envolvem a comunicação da mulher, esse é um dos mais conhecidos. Trata-se da interrupção recorrente das falas femininas pelos homens, fruto de um comportamento machista em que a fala masculina tem de dominar. Estudo realizado por pesquisadores da Universidade George Washington (EUA), publicado no *Journal of Language and Social Psychology*, mostram que 75% das reuniões são dominadas pelas vozes masculinas e as mulheres são significativamente interrompidas mais vezes do que os homens.

Como o app afere a quantidade de vezes que a voz da usuária foi interrompida por uma voz masculina, nosso propósito era fazer não só com que as mulheres comprovassem a situação, mas também que os homens se educassem para escutar.

Ilustradores, imprensa e pessoas de todo o mundo se engajaram na sua divulgação. O resultado é que este app foi lançado em 4 idiomas, baixado em 154 países e utilizado com recorrência em 91. Os resultados de uso são dinâmicos, pois sua disseminação e uso são orgânicos. Podem mudar a cada dia. O app é gratuito e está disponível na Apple Store e no Google Play. É possível acompanhar o painel com os dados no womaninterruptedapp.com (conteúdo em inglês).

Por fim, chamo a atenção para o Dia Internacional da Mulher. Vamos entender a sua origem:

Clara Zetkin, membro do Partido Social-Democrata da Alemanha, apresentou a ideia de uma data internacional como forma de cada país dever compreensão sobre as demandas de direitos das mulheres. Na época, direito de voto, melhores salários, jornadas de trabalho mais justas, redução da violência. Portanto, esse é o Dia Internacional dos Direitos das Mulheres e faz muita diferença chamá-lo corretamente, pois ele deveria servir, em primeiro lugar, não para ser o "dia do sexo feminino" como muitos erradamente parecem querer celebrar, mas para lembrar todos os direitos ainda não conquistados. Dos direitos listados de 1910 até 2018, somente o direito ao voto foi conquistado plenamente no Brasil e em outros países. Temas como desigualdade salarial e feminicídio ainda permanecem gritantes e precisam mudar com urgência. Trabalhamos pela conquista dos direitos para que um dia os celebremos e não mais lembremos a falta deles.

Para que cheguemos a esse objetivo, é preciso lembrar que precisamos de mais mulheres atuantes na esfera pública: no Executivo, no Legislativo e no Judiciário. É preciso que as pessoas que elaboram as leis entendam as questões das mulheres e consigam engajar um número de congressistas suficientes para fazer os projetos virarem leis. É com o esforço conjunto da sociedade que vamos mudar essa realidade: famílias, escolas, empresas e poderes públicos unidos pela questão de ordem econômica, social e humana.

> "É pelo trabalho que a mulher vem diminuindo a distância que a separava do homem. Somente o trabalho poderá garantir-lhe uma independência concreta."
> Simone de Beauvoir

2) A sua ética, a ética da empresa onde você trabalha e o seu futuro profissional.

O ser humano está se sentindo empoderado em relação aos próprios seres humanos. Isso tem um lado não tão bom, que descrevo a seguir.

Milhares, milhões de discussões pululam. Ocorrem continuamente, em qualquer lugar, por meio de um aparelho que cabe na palma da mão.

Podemos a qualquer momento perturbar uma ordem, um descanso, uma mente querendo sossegar, podemos nos colocar e colocar o outro em guerra. Quando se perde a moldura de tempo e espaço, as coisas saem da ordem, pois essa onipresença traz uma sensação de onipotência.

A tecnologia nos trouxe inúmeras coisas boas, mas, como ocorre com todo poder, é preciso saber usá-lo. Quando há excesso, a natureza deixa de responder. Não dá mais conta de tanta coisa.

Temos novos poderes, mas esquecemos que isso nos traz novas responsabilidades. O jeito de lidar com o outro é a principal delas.

Exatamente pelo fato de que nosso alcance e nosso poder se ampliaram tanto é que precisamos voltar a priorizar valores básicos, como o respeito, a tolerância e a ética.

Ética é uma palavra que se baseia em outra: fidelidade, pois é um conjunto de normas aceitas por um determinado grupo de pessoas que convivem. Existe a ética de um sistema, a ética de uma profissão, a ética de um povo.

A ética existe na relação com o outro.

Mas e uma empresa, como lida com a ética?

Uma empresa é feita de gente, com as mesmas responsabilidades sociais que eu e você. Como cidadão, ninguém pode se esconder de um logotipo.

Por isso, se já ficamos atrapalhados ao ter de gerir todos os estímulos de um mundo em rede e as relações como indivíduos, imagine num ambiente complexo como o das empresas, em que as pessoas necessariamente precisam se alinhar para atingir um objetivo comum. E se a empresa não for clara com a sua própria moral, como os funcionários devem agir?

É importante que a ética de uma empresa seja clara. Ela não pode ser subjetiva. Uma empresa em que um conjunto de princípios escritos num PowerPoint ou na parede tenha um significado para uns e outro significado para outros está em risco.

O risco de se apoiar em julgamentos, politicagens, desestruturando equipes, cadeias inteiras e criando uma falsa hierarquia de poder, baseada em comportamentos individuais. Falsos empoderamentos.

Uma grande empresa é aquela em que os princípios nem sequer precisariam estar escritos em algum lugar. Os comportamentos aceitos e os condenados são tão claros que as pessoas são capazes de identificá-los com evidente naturalidade. Mas de qualquer jeito é sempre bom escrevê-los em pedras para que o esquecimento ou o mal-entendido não tenha lugar.

Um conselho que sempre dou para profissionais que já têm alguma experiência é: não busque apenas um emprego, busque um ambiente em que imperem valores que casam com os seus. As chances de desenvolver um trabalho de mais qualidade, mais produtivo e com melhores resultados serão muito maiores.

Sei que num momento de crise às vezes é difícil fazer escolhas, pois a sobrevivência fala em primeiro lugar. Mas, sempre que possível, pense que ética, a sua ética e a ética da empresa onde você trabalha são um importante patrimônio para o seu currículo e, principalmente, para a sua vida.

SOBRE A AUTORA

A TECNOLOGIA EM MINHA VIDA

Em 1985, minha mãe matriculou a mim e uma das minhas irmãs em um curso de informática. Lá, aprendemos os princípios da programação e vibramos com a possibilidade de concluir o curso de Basics, módulos I e II.

Com 16 e 18 anos de idade, respectivamente, eu e minha irmã não entendíamos direito o que estávamos fazendo ali. Só sabíamos que, segundo nossa mãe, aquilo seria o futuro, e quem quisesse ter futuro teria de aprender informática. Para nós, esse estímulo era o suficiente. Em 1985, ganhei meu primeiro computador: um TK 2000, e, mais tarde, um CP300. Eu achava incrível comprar revistas e mais revistas que ensinavam a usar aquela ferramenta. Eu jogava bastante também, tanto no CP300 como no Atari, no qual era recordista em River Raid e Enduro. As planilhas e joguinhos do CP300, porém, já me diziam alguma coisa: vamos poder programar coisas e elas facilitarão a nossa vida. Mas eu não sabia o quê, nem como. Eu tinha sonhos de que iria viver o que já víamos nos filmes americanos, nos Jetsons ou nas revistas em quadrinhos do Riquinho Rico.

Riquinho tinha um *tech lab* particular, e uma das traquitanas eletrônicas que mais me interessava era o videofone (para ser breve, algo similar ao que veio mais tarde a ser o Skype). Olhava para minha televisão de tubo conectada àquele CP300 e a um gravador de fita K-7 e pensava "seria incrível se a gente pudesse fazer disso aqui um videofone. Será que um dia vamos conseguir?". Só para lembrar, naquela época, a maioria dos telefones ainda eram de disco, e alguns com teclados.

Fiz meu primeiro estágio em 1989 na Telebahia, empresa de telefonia que era modelo no sistema Telebrás. Naquela época, eu tinha de dividir um único computador com os sete profissionais da área. Como era a única estagiária e o computador tinha como principal função ser uma máquina de escrever, eu o usava bastante. Tínhamos de carregar um discão do WordStar (avô do Word) ou do Lotus 123 (avô do Excel) para, então, começar a trabalhar.

Depois do estágio na Telebahia e no Banco Econômico, entrei em uma agência de publicidade e não saí mais da área. Fui trabalhar na agência de Duda Mendonça, em Salvador — na época, a mais premiada fora do eixo Rio-SP. Lá, testemunhei a chegada do fax. Vi as mesas dos diretores de arte repletas de *pilots* sobre papel manteiga, esquadros, fotos, estiletes e que tais. Vi, noite adentro, o vai e vem dos motoboys para as empresas de fotocomposição. Acompanhei o uso dos primeiros Commodore Amiga para edições de vídeo.

SOBRE A AUTORA

Após tudo isso, fui fazer uma pós-graduação em semiótica em Paris. Para estudar, tinha carteirinha de várias bibliotecas, nas quais computador só existia para conferir em que prateleira o livro estava. Apesar disso, eu usava o computador diariamente como máquina de escrever para produzir a minha tese. Escrevia bastante à mão, mas depois ia a um dos inúmeros bureaux próximos às faculdades para digitar os textos em computadores Apple alugados por hora. Salvava tudo em um disquete e voltava dias depois para continuar.

Ainda na França convivi, pela primeira vez, com algo que me encantou: o Minitel. Era um aparelho conectado em rede, uma mistura de páginas amarelas com serviços. Ali era possível consultar informações, notícias, além de fazer reservas de trem, avião, mandar telegramas, entre outros serviços. Achava aquilo o máximo. E era o máximo, já que não havia internet naquele tempo.

Ali já começava a se configurar o sentido do que eu esperava da tecnologia: facilitar a vida das pessoas comuns em coisas da vida cotidiana.

Graças ao Minitel, a França esteve por muito tempo na vanguarda do uso da conexão em massa. O serviço foi extinto apenas em 2012, dado, imaginem só, o enorme número de usuários fiéis.

De volta ao Brasil, participei de campanhas políticas, o que se mostrou um grande aprendizado. É uma maratona em que todo o ciclo da comunicação — levantar hipóteses de trabalho, criar, produzir, veicular, pesquisar, analisar e retroalimentar o sistema — ocorre ao longo de 24 horas. Todos os dias.

Já em São Paulo, duas companheiras de trabalho e eu ganhamos um computador só para a nossa área e nos revezávamos no uso. Rede? Não. Máquina de escrever! Mas que beleza era entregar um Pedido de Criação sem erros, rasuras e rabiscos, passível de acréscimos e correções. Até então, a não ser pelo contato com o computador, eu não vislumbrava o que o tal curso de Basics poderia me proporcionar.

Em 1996, meu amigo e diretor de arte Claudio Souza e eu lançamos uma produtora multimídia — esse era o termo comum na época — chamada Manga Rosa. Fizemos trabalhos muito bacanas e ali ouvimos de um representante americano de uma empresa fabricante de computadores de mesa: "computador vai ser como eletrodoméstico, vai vender no supermercado. A pessoa vai colocar no carrinho e levar para casa".

Achei um tanto exagerada a afirmação, porém fascinante. Pensei que aquele homem podia saber do que estava falando. Afinal vinha de um mercado mais avançado que o nosso e vivia disso.

Quando entrei na W/Brasil, uma agência informatizada, com rede, computadores de mesa exclusivos para todos os funcionários, meu principal cliente era o Unibanco, banco que naquele momento fazia um esforço para que os correntistas trocassem o Micro 30 Horas, com protocolo simples e fechado, pelo Internet 30 Horas. Lá, trabalhei para o lançamento do e-Card, o primeiro cartão virtual do Brasil, lançado por meio de um reality show em que os confinados deveriam usar o cartão para comprar tudo para a casa onde permaneceriam, de modo a provar a segurança e a facilidade do seu uso no universo virtual.

Acompanhei de perto, em 1998, as aflições do vanguardista Banco 1, sem agências físicas, que, por estar à frente do seu tempo, acabou sendo desativado com poucos anos de vida. Muitos comerciantes não acreditavam que o banco existia quando recebiam um cheque porque não viam as agências nas ruas.

SOBRE A AUTORA

Ao longo dos anos 2000, vivi o crescimento da tecnologia no dia a dia das marcas e dos publicitários. Nos primórdios da AgênciaClick, vi a tecnologia começando a dar as mãos ao trabalho publicitário. Um grande aprendizado. Na F/Nazca Saatchi&Saatchi, participei dos primeiros projetos de grandes marcas para a web que, a princípio, tinham apenas sites e endereços eletrônicos como pontos de contato. Com o passar do tempo, os conteúdos foram convergindo para os meios interativos, mas ainda não havia a noção de "jornada do consumidor". Na MPM, encontrei o desafio de integrar a comunicação fragmentada dos clientes e dar-lhe sentido sob a ótica de consumo de canais do consumidor. Achar o modelo de remuneração para essa integração também era algo a se desenvolver naquela época.

Em 2010, já na F.biz, vivi o grande desafio de transformar uma empresa já existente, sólida, em uma grande agência para a era digital: minha meta era somar alta expertise em tecnologia e *analytics* lá existentes às expertises de branding, estratégia e criação, trabalho do qual tenho grande orgulho.

Tive uma vida profissional rica e diversificada porque nunca tive medo perante o novo. Quando avistava uma nova onda, tentava encontrar a prancha mais adequada para surfá-la. Isso traz uma grande dose de risco, mas me sinto gratificada. Conheci um tipo de agência e de propaganda que hoje não existem mais, mas que me deram bases sólidas de conhecimento. O próprio título de "agência" necessita ser ampliado, entendendo que somos agenciadores de talentos e soluções, não apenas de meios pré-formatados como foi por muito tempo. E que publicidade não é mais a única forma de uma marca se conectar com seus consumidores.

Comunicação comunica. Produto comunica. Serviço comunica. E sermos criativos nos permite imaginar qualquer coisa, tornando muito mais desafiadora nossa missão no universo da comunicação.

Trabalhamos para um mundo que vive permanentemente em rede, onde as relações virtuais entre as pessoas originalmente se estabeleceram para que elas falassem com outras pessoas e não com empresas e marcas — daí a necessidade de estas serem muito relevantes para poderem participar desse diálogo. Trabalhamos para que expressões da marca não sejam apenas uma narrativa, mas sim experiências capazes de criar relacionamentos.

É preciso entender que o mundo onde vivemos não é simplesmente pesquisar informações no Google. O Google pode ser e é um bom início de pesquisa, mas jamais o final! As pessoas continuam vivendo nas ruas, nas suas casas, impactadas por infinitos outros fatores diários que a maioria das marcas não consegue acompanhar. É nas redes sociais que isso mais se reflete, mas não só nelas. Somos complexos. Se o ser humano já era múltiplo em sua própria natureza, pertencer a uma aldeia global já transformou nossas vidas e nosso comportamento, assim como — acredito — transformará nossos cérebros.

A comunicação já não é mais uma mera ponte entre marcas e pessoas. É um vínculo que pode — e deve — ser mais resistente que qualquer estrutura anterior.

REFERÊNCIAS BIBLIOGRÁFICAS

ALVES, Rubem. *Filosofia da ciência*. São Paulo: Editora Loyola, 2000.

BARROS, Diana Luz Pessoa. *Teoria semiótica do texto*. São Paulo: Editora Ática, 2011.

BAUMAN, Zygmunt. *Modernidade líquida*. Rio de Janeiro: Editora Zahar, 2001.

BRAIT, Beth. *Bakthin*: dialogismo e polifonia. São Paulo: Editora Contexto, 2009.

CASTELLS, Manuel. *A sociedade em rede*. São Paulo: Editora Paz e Terra, 1996.

CHOMSKY, Noam. *Mídia*: propaganda política e manipulação. São Paulo: Editora Martins Fontes, 2013.

_____. *Propaganda e consciência popular*. Bauru: Editora EDUSC, 2003.

CLIFTON, Rita. *Brands and Branding*. London, UK: Economist Books, 2010.

COQUET, Jean-Claude. *La Quête du sens*. Paris: Presses Universitaires de France, 1997.

ECO, Umberto. *História da beleza*. Rio de Janeiro: Editora Record, 2014.

ESSEX, Andrew. *The End of Advertising*. New York City: Spiegel&Grau, 2017.

GLADWELL, Malcolm. *The Tipping Point*. New York City: Back Bay Books, 2013.

HARARI, Yuval Noah. *Sapiens*. Porto Alegre: L&PM, 2015.

HEWLETT, Sylvia Ann; RASHID, Ripa. *Winning the War for Talent in Emerging Markets*. New York City: Harvard Business Review Press, 2011.

JENKINS, Henry. *Convergence Culture*. New York: NYU Press, 2006.

JOACHIMSTHALER, Aaker. *Brand Leadership*. New York: Simon & Schuster, 2009.

JOHNSON, Stephen. *Emergência*. Rio de Janeiro: Editora Zahar, 2003.

KAPFERER, Jean-Noël. *Les Marques, capital de l'entreprise*. Paris: Les Editions d'Organisation, 1991.

KOTLER, Phillip. *Marketing 1.0*. Upper Saddle River, New Jersey: Prentice Hall, 2002.

_____. *Marketing 2.0*. Upper Saddle River, New Jersey: Prentice Hall, 2003.

KURZWEIL, Ray. *The Singularity Is Near*. London: Penguin Group, 2006.

LANIER, Jarion. *Gadget*. São Paulo: Editora Saraiva, 2010.

LE SEAC'H, Michel. *L'Etat marketing*. Paris: Alain Moreau, 1981.

MARTEL, Frédéric. *Mainstream, a guerra global das mídias e das culturas*. Rio de Janeiro: Civilização Brasileira, 2013.

MASI, Domenico. *Alfabeto de uma sociedade desorientada*. Rio de Janeiro: Editora Objetiva, 2017.

MCLUHAN, Marshall. *Os meios de comunicação*. São Paulo: Cultrix, 1995.

MILLER, Johnathan. *As ideias de McLuhan*. São Paulo: Cultrix, 1971.

PAGEL, Mark. *Wired for Culture*. New York City: W. W. Norton & Company, 2012.

PINK, Daniel H. *Drive*. New York City: Riverhead Books, 2009.

RAPAILLE, Clotaire. *O código cultural*. Rio de Janeiro: Campus Elsevier, 2007.

RIBEIRO, Darcy. *O povo brasileiro*. São Paulo: Editora Global, 2015.

SANDBERG, Sheryl. *Lean in*. New York City: Knopf Publishing Group, 2013.

SEMPRINI, Andrea. *A marca pós-moderna*. São Paulo: Editora Zamboni, 2010.

STEEL, Joe. *A arte do planejamento*. Rio de Janeiro: Editora Elsevier, 2011.

TAPSCOTT, Don. *Growing up Digital*. New York: McGraw-Hill Education, LLC, 1999.

TÁVOLA, Arthur da. *Comunicação é mito*. Rio de Janeiro: Editora Nova Fronteira, 1985.

TORRETTA, André. *Mergulho na base da pirâmide*. São Paulo: Editora Saraiva, 2009.

TOURAIN, Alain. *Um novo paradigma*. Petrópolis: Editora Vozes, 2011.

TYBOUT, Alice M. *Kellogg on Branding*: The Marketing Faculty of The Kellogg's School of Marketing. Hoboken: John Wiley & Sons, 2005.